YO DECIDÍ EMIGRAR

YO DECIDÍ EMIGRAR

Secretos de migrantes jamás contados

Gaby Guzmán

YO DECIDÍ EMIGRAR
Copyright © 2023- **Gaby Guzmán**

© Gaby Guzmán
gguzman@yodecidiemigrar.com
www.yodecidiemigrar.com
"Secretos de migrantes jamás contados"

Impreso en Francia
Primera edición: junio 2023
Diseño de portada: Emely Peña/LUEM Studio
Diagramación: Emely Peña /LUEM Studio
Corrección de estilo: Roberto J. Alonzo
Asesor Literario: Parengana López
ISBN: 9798854110389

YO DECIDÍ EMIGRAR

Secretos de migrantes jamás contados

Gaby Guzmán C.

Este libro está dedicado a mi familia: A mi amada madre Delfina, a mi increíble esposo Chris, a mis hermanos, sobrinos y cuñados.

Agradecimientos

Escribir un libro podría percibirse como un esfuerzo individual, pero la realidad es que, todo un equipo me ha sostenido y apoyado desde la concepción de la idea hasta su publicación.

Es por ello por lo que deseo agradecer a Dios, quien me ha dado la vida y la experiencia de pasar por este mundo, su creación. Además, sabiendo Él de mis anhelos y misión personal, por enviarme a personas escogidas para que este sueño sea hoy una realidad. Entre ellas a:

Mis padres, por ser el canal a través del cual estoy aquí, viva y sana. Por enriquecer mi crianza al proveerme lo mejor que pudieron, y por rodearme de seres maravillosos, como lo son mis hermanos: Judith, Antonio, Carmen, José Luis, India, Lourdes, Belkis, Orlando y Arbelys. También quiero honrar la memoria de mi cuñado, Julio César Severino Jiménez, quien hoy estaría muy feliz con esta noticia.

Mi muy amado esposo Chris (Chéri), quien no solo ha sido un personaje principal en mi proceso de migración, sino también un compañero fiel, un desafío a la vez que una motivación; gracias por tu apoyo incondicional en la realización de este sueño.

Mi brillante, bondadoso y estricto mentor, Edgar Hernández Rizek, por guiarme y acompañarme tan pacientemente en este proceso creativo. Al psiquiatra y profesor Joseba Achotegui por transmitirme su pasión y sensibilidad por este tema.

Mis amigos, Marcell Silverio por su apoyo a través de la Asociación "Atrévete Mujer" de la cual me honra ser parte. César Russian, por motivarme a poner intención a mis deseos de escribir un libro. Parenganacutirimicuaro López, por guiarme en la parte literaria de esta obra, a Patricia Hernández Brea, por creer en nuestras iniciativas con la realización de los conversatorios sobre "Migración Consciente".

A cada uno de los protagonistas, por compartir conmigo, y ahora con ustedes queridos lectores, sus historias. Además, por dejarnos entrar en sus vidas y por tener la gallardía de revelarnos sus más íntimos secretos.

A todos los que han trabajado en la concepción, publicación y lanzamiento de este libro.

Finalmente, pero no menos importante. Quiero agradecerte a ti, que estás frente a estas páginas, dejándonos acompañarte en tu viaje.

ÍNDICE

Capítulo 1

Capítulo 2

Introducción

Cuando alguien me habla de sus planes de emigrar o me dice que está recién instalado en el país de acogida, primero le miro con empatía, le ofrezco una sonrisa y pienso para mis adentros «¡*Prepárate para ser valiente!*». Por supuesto, también le deseo una adaptación sin mayores obstáculos. Admito que a veces tengo que morderme la lengua para no decirle: "¿*Estás consciente del desafío que implica ser un inmigrante?*". Y con esto no busco desalentar a nadie, al contrario, en este libro encontrarás las verdaderas razones por las que deberías emigrar, si todavía no lo has hecho.

Por ejemplo, al plantar por primera vez mis pies en París, no tenía ni idea de la travesía que había iniciado. Idealizaba tanto vivir en el exterior que no lo pensé dos veces para cerrar mi negocio, vender mi vehículo y privarme de mi mayor bendición: ver a mi madre todos los días. ¡Y claro! ¿Cómo iba a estar consciente de todas estas renuncias? Pensé que con elaborar un buen plan sería suficiente. Desde luego que prever ciertos asuntos iba a economizarme algunos dolores de cabeza; sin embargo, no contaba con que la migración incluyera "el efecto sorpresa"; algo así como, *"cuando parece que tienes todas tus respuestas, te cambian todas las preguntas"*.

Cuando el ser humano no logra satisfacer sus valores existenciales —necesidades físicas y principios bajo los cuales desea basar su vida— se produce en él una revolución emocional, o una especie de inconformidad, que le obliga, motiva o empuja a buscar condiciones más idóneas; pero ¿estamos listos para gestionar la nueva situación por la que vamos a atravesar?

¿Cuáles necesidades siento que quiero satisfacer a través de mi decisión de emigrar?, ¿estoy eligiendo este camino desde un plano emocional positivo o negativo?, ¿lo hago porque siento que algo no funciona en mi vida?, ¿cuáles son las limitantes que llevo conmigo al nuevo país?

A partir de este estudio, serás capaz de tratar la migración como un proceso que va más allá de trasladarse de un país a otro, porque entenderás el cambio de vida que conlleva. Sin temor a equivocarme, puedo asegurarte de que emigrar es un brillante proyecto cuando está basado en una decisión consciente, producto de haber analizado las debilidades, amenazas, oportunidades y fortalezas del proceso.

En esta obra apreciarás la migración como una fuente de enriquecimiento y transformación personal, descubrirás que la magia está en construir algo con las realidades que encuentres en el proceso, en vez de lanzarte a la aventura pensando: *"Cuando cambie de país todo estará resuelto"*; frase que será sustituida por: *"¡Somos nuestra más grande responsabilidad!"*.

En mi experiencia fue liberador cuando pude ponerle nombre a lo que estaba viviendo: "duelo migratorio". Gracias a esto dejé de victimizarme —y de juzgarme —, aprendiendo a observarme con más objetividad y comprensión.

El duelo migratorio es un proceso de reordenamiento de los aspectos psicológicos asociados al fenómeno migratorio. En palabras más llanas, es la forma cómo la naturaleza cura a un corazón roto que se encuentra lejos de su tierra.

Como bien lo explica Daniel Goleman en su libro: *"La práctica de la inteligencia emocional"*, asumir una actitud consciente de las propias emociones mejora nuestra adaptación a los problemas y desafíos del día a día. Hacer una introspección constante sobre lo que sentimos y lo que se esconde detrás de nuestros estados anímicos, incide directamente en nuestro bienestar. Por lo cual, es importante estar avisados del proceso que vamos a experimentar para empezar a valorar las estrategias que nos ayudarán a hacer frente al periodo adaptativo;

entendiendo que la salud física y emocional son los principales activos de los migrantes.

La experiencia migratoria nos transforma, nos paraliza y nos desnuda. Construir una nueva identidad en tierras extranjeras es parte de la elaboración del duelo. Para algunos resultará algo simple, mientras para otros será toda una odisea, solo comparable con las vicisitudes que vivió Ulises, el legendario héroe griego. Pero para todos, si queremos, y es mi meta con este libro, será posible.

¡Yo decidí emigrar!, es la obra que me hubiese gustado tener en mis manos desde aquel momento en el que la idea de partir a París resonó fuertemente en mi cabeza. Cinco años después de aquel 18 de noviembre de 2017, tengo ahora el placer de poner a tu disposición una valiosa pieza de consulta, que recoge testimonios de migrantes y reflexiones sobre el duelo migratorio.

Estas historias impactarán positivamente tu vida y a través de ellas conocerás el corazón de migrantes como tú, y como yo, que te confían los secretos jamás contados sobre su realidad migratoria. De hecho, en virtud de los eventos fuertes y comprometedores de algunos relatos, me veo en la obligación de omitir nombres.

Esta obra tiene la intención de apoyar a los diferentes actores que participan en el proceso migratorio, para que vivan sus etapas de manera más consciente y sana. Primero, a quienes tienen previsto cambiar de país; segundo, a quienes han iniciado un proyecto migratorio en el extranjero y, en tercer lugar, a aquellos que reciben a un inmigrante en su hogar, llámese familiar, amigo o pareja.

Estas líneas también te servirán para identificar en qué nivel del proceso te encuentras y, además, cuáles son las acciones que puedes implementar para experimentar una movilización con menos estrés, o costos emocionales que resulten en una amenaza para tu salud mental.

Muchas de las reflexiones están basadas en estudios realizados por el psiquiatra de origen español, Joseba Achotegui, investigador del **"Duelo Migratorio"**, y creador del concepto **"El Síndrome de Ulises"**, quien ha sido entrevistado para la presente investigación. También resultó de suma importancia, los aportes de la psicóloga Ana Andón, directora de la Red Atenea en París.

Elaborar de manera adecuada las pérdidas asociadas a la migración, va a requerirnos tiempo, esfuerzo y trabajo personal, pero lo merecerá ampliamente porque darás pasos de valentía que serán determinantes para tu éxito en tierras extranjeras, y en ello me gustaría acompañarte.

En la migración encontrarás la aventura más interesante de toda tu vida, te conocerás a ti mismo a fondo. Comprobarás que es una experiencia que solo puede ser vivida cuando sales de lo que conoces, cuando te expones a lo que resulta incómodo, porque es justo ahí cuando descubres quién eres tú sin las etiquetas que te han servido de escudo, quién eres tú cuando nadie está ahí para salvarte, quién eres tú cuando la soledad es tu única compañía y quién eres tú cuando el responsable de tu bienestar es la persona que miras al espejo al levantarse. Finalmente: *¡Te doy la bienvenida al mundo de los héroes!*

¡Te invito a que disfrutemos juntos este viaje!

Algo más antes de iniciar el viaje

En este apartado no intento abarcar todas las aristas de la migración, pero sí me gustaría ampliar nuestra visión al respecto. Detalle que me lleva a la siguiente reflexión: ¿cuánto sabemos de una cosa antes de juzgarla?

En ninguna etapa de la historia el hombre ha dejado, por razones diversas, de buscar otros rumbos, primero como especies nómadas y después, con asentamientos en diferentes espacios del planeta, de allí surge que recojamos dos o tres pertenencias para irnos a donde "creemos" que nos irá mejor. En el caso de las plantas, vemos que estas no extraen sus raíces de la tierra para trasladarse; sino que emigran dispersando sus semillas y brotando en lugares más adecuados para su supervivencia. Como bien explica el psiquiatra, Jorge Bucay:

> *"Todos los seres vivos tenemos la capacidad de adaptarnos para responder a los estímulos de afuera, desde los organismos unicelulares hasta los más grandes mamíferos, no obstante, los seres humanos tenemos una condición adicional y diferenciadora: adaptar la realidad exterior para satisfacer nuestras necesidades".*

En resumen, el humano es capaz de cambiar de hábitat cuando siente que el entorno no satisface sus necesidades. Dicho de una manera más ilustrativa, buscará la forma de plantar un árbol que le proporcione sombra cuando los rayos del sol sean muy potentes; adaptando la realidad a su beneficio y conveniencia. En este sentido, podemos afirmar que el fenómeno migratorio ha contribuido de manera extraordinaria en la creación de riqueza y en el intercambio de conocimientos entre distintas culturas. De hecho, sin estas aleaciones, no existiría el concepto universal de humanidad, como lo conocemos hoy en día.

La migración, además, ha sido la protagonista de grandes conflictos socioeconómicos, religiosos, culturales, etc. Desde la época de las civilizaciones griegas y romanas, el menosprecio hacia lo diferente no ha cambiado.

Las razones que tiene un ser humano para emigrar son numerosas y diversas. Cada día presenciamos desplazamientos masivos debido a las guerras, a las dictaduras, a desastres naturales, a la pobreza, a las persecuciones por motivos ideológicos, políticos, religiosos, étnicos, laborales o, simplemente, este fenómeno es impulsado por la búsqueda de nuevas experiencias de vida, una conducta incluso dictada por nuestra herencia genética. Pero a diferencia de épocas anteriores, las condiciones de la migración moderna se caracterizan por el desarrollo de las nuevas tecnologías y una mayor viabilidad de comunicación tanto física como virtual, elemento que ha incidido en un mayor control de los desplazamientos, exclusiones y penalizaciones.

Entonces, el impacto que como "comunidad emigrante", provocamos en la tierra de acogida, es una disparidad cultural que puede asustar a los ya residentes, pero ¿no tendríamos que valorar el efecto inverso en la identidad de los recién llegados, así como las múltiples circunstancias vitales por las cuales han decidido emigrar?

Según la teoría de la motivación, propuesta por Abraham Maslow (Motivación y personalidad, 1954), el ser humano precisa satisfacer sus necesidades con el fin de lograr una seguridad existencial. Estos requerimientos van desde las necesidades fisiológicas, hasta la búsqueda de la autorrealización, aceptación y reconocimiento, valores antes establecidos en forma de pirámide. Lo que impulsa a las personas a migrar está determinado por las necesidades a satisfacer o por los principios bajo los cuales desean basar su vida. (Gráfico de necesidades humanas).

La necesidad de progresar, el valor de la familia, de la seguridad (material y psicológica), de ser reconocido, el valor del autorreconocimiento, el valor de la experiencia, de la pareja, etc., representa una multitud de elementos que definirán la razón esencial de su movimiento o traslado. Pero la persona no está aislada, sino que permanece relacionada con su entorno: con aquello que ocurre a su alrededor y que moldea sus objetivos.

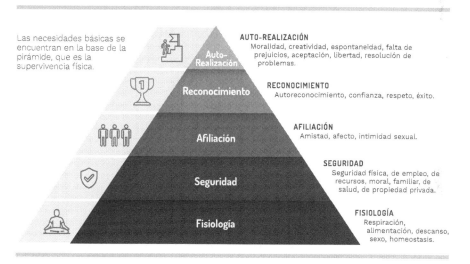

Pirámide de Maslow
Modelo de necesidades humanas

Las necesidades básicas se encuentran en la base de la pirámide, que es la supervivencia física.

AUTO-REALIZACIÓN
Moralidad, creatividad, espontaneidad, falta de prejuicios, aceptación, libertad, resolución de problemas.

Auto-Realización

Reconocimiento

RECONOCIMIENTO
Autoreconocimiento, confianza, respeto, éxito.

Afiliación

AFILIACIÓN
Amistad, afecto, intimidad sexual.

Seguridad

SEGURIDAD
Seguridad física, de empleo, de recursos, moral, familiar, de salud, de propiedad privada.

Fisiología

FISIOLOGÍA
Respiración, alimentación, descanso, sexo, homeostasis.

Es decir, no solo el inmigrante trae consigo a su entorno originario e impacta a donde llega, sino que, además, las nuevas circunstancias que lo rodean provocan una onda que va de regreso al entorno que dejó. En resumen, el efecto es bilateral.

En este aspecto hay que aceptar que lo antes mencionado, forma parte de nuestra condición humana; por ello cabe hacerse la pregunta: si el migrante cambia mi mundo con su llegada y yo el de ellos con mi recibimiento, ¿no sería mejor que la experiencia valga la pena?, ¿hasta qué punto sería necesario cambiar yo, sin modificar lo que está afuera y viceversa? Precisamente, a reflexionar sobre este tema nos invita Bucay.

A fin de identificar lo que podría implicar la migración, reflexionaremos en una cita de la psicóloga Fedra Cuestas, donde plantea: *"la existencia social solo se logra a partir del reconocimiento por parte del otro, el reconocimiento de características propias de cada ser humano, el reconocimiento de una historia individual, el reconocimiento de roles asumidos, la ubicación en un estatuto social"*.

Varias ramas del estudio de la conducta humana, como la Psicología Social, La Sociología, el Psicoanálisis y la Antropología, coinciden en puntualizar que la identidad se construye a partir del reconocimiento social. Es por esto, que Achotegui también asevera: *"Sin identidad ni integración social, tampoco puede haber salud mental"*.

Capítulo 1

La búsqueda de libertad a través de la migración y su coste

Testimonio de Gaby Guzmán

"Quiero irme a un lugar donde nadie me conozca y reinventarme"

"¡No imagino otro escenario lejos de ella!"

Hasta la migración más anhelada y libremente elegida nos desafía a navegar por una profunda crisis de identidad.

Un sol radiante entra por las ventanas. Alcanzo a oler las habichuelas que mi madre está haciendo en la cocina, *"¡No te puedes ir sin comer!"*, insiste. No muy lejos, oigo transitar los autos por la autopista. Suena el teléfono y como de costumbre cada timbre nos permite hablar con un hermano diferente; todos llaman diariamente para saber cómo estamos. Desde la muerte de mi padre soy la compañera de mi madre, aunque por ser la menor de diez hermanos, siempre he sido su consentida, al punto de sobreprotegerme. Sin embargo, ¡no imagino otro escenario lejos de ella!

Llega el momento de irme, bajo las escaleras cargando una cámara y un trípode, preocupada por llegar a tiempo a mi grabación de hoy. Desde hace cuatro años trabajo como productora asociada en un canal de televisión nacional que pertenece al gobierno. En los inicios, mi socio y yo no contábamos siquiera con una cámara, hasta que nos organizamos para comprarla. Gracias a nuestro trabajo y disciplina hemos logrado algunos clientes importantes. ¡No puedo creer que renunciaré a todo esto!

En la mesa está mi agenda abierta en la página que dice: Francia, 8 de enero de 2018. El escenario me parece tan distinto, desde hace 21 días. Por la ventana alcanzo a ver el cielo gris, las ramas de los árboles desnudas; este lugar se siente húmedo y frío.

Estoy en un salón de clases junto a extraños de diferentes partes del mundo: rusos, chinos, hindúes, turcos, una angoleña, una búlgara y yo, la única hispano hablante. Mi cuerpo está aquí, pero mi mente divaga en otro continente. Supongo que para muchos sería gracioso ver cómo mis compañeros y yo balbuceamos nuestras primeras palabras en francés. Lo cierto es que uno de nuestros mayores retos con el idioma sea enfrentarnos a términos, palabras y usos de los cuales no tenemos referencia. Recojo mis cosas, las clases han terminado por hoy.

Ahora camino diez minutos hasta llegar al tren en la *Gare Paris-Montparnasse*, en siete minutos estaré en la estación de la Gare de Clamart, y luego recorro a pie quince minutos hasta llegar a mi domicilio. Por donde vivo, las casas están construidas en piedras de color crema, con un toque de época: «*¿Cómo será mi vida en los próximos años en este lugar?*», me pregunto mientras camino frente a ellas. Diviso un gimnasio, guarderías para niños y algunos restaurantes; encuentro todavía tan extraño ver todos los letreros escritos en francés… Al menos me reconforta el hecho de saber que todas estas experiencias me van a enriquecer integralmente, ¿pero a qué costo? Noto como, lo que absorbe y procesan mis sentidos, consume mi energía; el conjunto se convierte en un mar de información que, aunado a la tarea de memorizar direcciones, hacer mapas mentales para trasladarme rápidamente y además, repetir y repetir en mi mente cómo voy a hablarle al carnicero para que me entienda o cómo saludaré a los amigos de mi novio, es extenuante… Es como si estuviera constantemente haciendo un examen de supervivencia. ¡Y no es broma!

La mayor parte del tiempo me descubro aferrada al "yo era", "yo fui", "yo tuve". En vano trato introspectivamente de conectar con mi identidad como si mi historia no existiese; por momentos, creo que el "ser" se ha esfumado llevándose consigo el sentido de pertenencia.

A veces me pregunto, *«¿Cómo fue que terminé en el otro extremo del mundo?».* Al mismo tiempo, me cuestiono sobre la decisión de haber emigrado. *«¿Por cuánto tiempo soportaré vivir aquí?»*, grita mi alma reconociendo que jamás fui consciente de todas las renuncias que implicaría esto. En el fondo de este abismo, *"vuelvo a mi isla en mis pensamientos, y me echo de menos".*

"...esa cosa hasta el momento desconocida para mí". Un concepto abstracto que deja cicatrices intangibles, y hasta tangibles, a veces.

En mi mente todo estaba planificado, *«al llegar retomaré mis proyectos»*, me decía creyendo que nada me desviaría del camino. ¿Cómo no lo iba a lograr si ya tenía la experiencia de comenzar desde cero? Pero no contaba con que repentinamente aparecería en mi camino esa cosa hasta el momento desconocida para mí, llamada: "Duelo Migratorio". Súbitamente, siento que me golpea y me descubro desplomada en el piso, sin entender lo que sucede. Mi cara contra el pavimento y las personas caminando alrededor de mí, sin reparar en nada, me asustan. *"He caído por las escaleras del metro"*, recuerdo mientras aguzo la vista para definir mejor esa mano que se extiende frente a mí, *"¿Ça va?"* (¿está bien?), me pregunta un apuesto chico y me levanta. Apenas logro estabilizarme, abro mi bolso para sacar un pequeño espejo y mirarme. Las gotas de sangre caen de mi frente, estoy horrorizada imaginando mi cara desfigurada, pero sólo se trata de una simple herida en mi ceja derecha, una cicatriz que me servirá de recordatorio durante toda mi evolución.

Y allí, de manera vertiginosa, pasan las imágenes de toda mi historia, trasladándome a un pasado no tan remoto…

"Yo debí estar aquí desde hace mucho tiempo". La idealización de la migración es el primer paso hacia la desilusión.

Estoy en la embajada de Estados Unidos aplicando para un visado de intercambio cultural. Mi plan desde que culminé mis estudios secundarios fue perfeccionar el inglés y vivir la experiencia de estudiar fuera de mi país. Pero la oportunidad no se da por más que lo intento una, dos y hasta tres veces. Quizás será mejor tratar con otro país… Ahora, atravieso la entrada principal de la embajada española, ya de salida; estoy completamente desilusionada, *"¡Su visado ha sido denegado!"*, acaban de notificarme. Puntualmente me inquiero: *"¿será ésta una señal de que no es el momento o la vía adecuada o, simplemente, se trata de un capricho del sistema?"*.

Mas, algunos meses después, cuando ya había olvidado el asunto, una amiga me recomienda hacer de maestra de ceremonia en el marco de un evento presidencial. La interesante propuesta surge en un concurso de adolescentes, cuyo proyecto ganador tendrá la oportunidad de ir al campo de simulación de la Nasa, ubicado en Huntsville, Alabama. En medio de la conducción de la ceremonia, externalizo ante el embajador mi deseo de haber tenido 18 años para así poder vivir una experiencia similar. *"¿Estarías interesada en ir allí en calidad de asistente de los ganadores?"*, me propone momentos más tarde. Acepto de inmediato y, una semana después, la institución se encarga de hacer todos los trámites, en un abrir y cerrar de ojos vi mi momento llegar.

Es 26 de septiembre del 2015 cuando aterrizo en Estados Unidos. "Yo debí estar aquí desde hace mucho tiempo", manifiesta una vocecita interior. La verdad es que me hubiese encantado ir a la universidad en New York, para ser parte de ese mar de gente que camina hacia ella, a toda prisa, apostando por sus sueños.

Sin más, aquel pensamiento se esfuma y otra imagen ocupa su lugar. Repaso en mi mente, mis últimos días en mi país antes de emigrar definitivamente, mientras intento salir sin nuevos accidentes de la estación del tren.

El 18 de noviembre de 2017 y mientras preparo maletas, me doy cuenta de que finalmente las dos puertas que otros habían cerrado para mí, las he atravesado ingeniosamente. No emigré, es cierto, pero la experiencia en Estados Unidos fue deslumbrante, me sentía capaz de lograrlo todo. Luego, en España pude realizar un Máster en Periodismo Digital; incluso, puedo confesar que no fue todo lo que ocurrió, pues salté la barda hacia el país vecino, Francia, junto a mis compañeros de clase y allí…

¿Preparando maletas? ¿Pero a dónde voy? Estoy tomando un vuelo con destino a París para empezar una nueva vida junto a mi novio y futuro esposo, Chris, un francés al que conocí precisamente cuando hacía la antes mencionada excursión con mis compañeros. En los nueve meses que nos tomó conocernos y decidir unirnos en matrimonio, todo se ha dispuesto tan rápidamente que algunos han llegado a creer que nunca dejé Europa; pero no fue así, en el intermedio regresé a vivir en República Dominicana y es por eso por lo que este vuelo me arranca de mi tierra para llevarme al país de la Torre Eiffel.

"¿Quién soy yo, ahora que no me definen las etiquetas?", Una pregunta constante de los expatriados en su proceso de adaptación

Desde entonces ha pasado un primer año y me siento abrumada por la migración; además, las caídas, quemaduras y otras situaciones de salud, lo testifican. A veces, el cuerpo y la mente no viajan a la misma velocidad. Cuando mis pensamientos van "a millón", mi cuerpo torpemente lo asimila. Me invade la nostalgia, el miedo se apodera de mí y me entierra bajo las sábanas: el único lugar en donde me siento a salvo. ¡Pero no! ¡esto es una trampa! Es el escenario de conversaciones tóxicas en mi cabeza: *«no eres suficiente»*, *«tu oportunidad ya pasó»*, *«perdiste tu gran chance en la vida»*, *«no me siento orgullosa de mí, ya no sé lo que quiero»*, *«¡que alguien me rescate!»*, *«no estoy convencida»*; es todo lo que exclamo desde mis entrañas al no estar feliz con aquello que antes me llenaba de ilusión.

No logro entender por qué… pero de repente, una llama se enciende en mi corazón iluminando mi más profundo sueño para traerlo de nuevo a la superficie: **REINVENTARME**. Esa era la respuesta a mi pregunta y la vida me acorralaba contra la pared solo para que me diera cuenta de ello y tomara la decisión. Dice la comunicadora Erika de la Vega: *"Uno se reinventa cuando duele más quedarse donde está, que apostar al cambio"*. Y quedarme en donde estaba era sostener una vida vacía. Pero ¿cómo lo hago?, ¿qué pasa si me olvido de quien supongo que soy?, ¿no sería eso también una oportunidad de vivir cosas nuevas?, ¿qué ocurrirá si elijo un camino diferente al que conozco? Bueno, ¿y

si esta vez decido confiar en la sabiduría de la vida? El tono de mi conversación interna está cambiando bajo todas estas interrogantes y, por ende, le encuentro sentido a la soledad, un vasto y maravilloso terreno donde puedo reencontrarme.

Mi corazón se abre a la cultura francesa, me enamoro de ella. Me escucho y conecto conmigo misma. ¡Espera! Alguien toca a mi puerta: es la creatividad. La saludo y la dejo entrar para invitarle un café, y aquí estamos desde entonces, dándole rienda suelta a la imaginación. Mientras sus frutos maduran para ser consumidos, trabajo como niñera, inicio un proyecto de fotografía, me desempeño como ejecutiva de ventas de un desfile de modas en Venecia; pero algo más está ocurriendo en mi interior, mi pecho palpita fuerte cuando se trata de compartir con otros mi proceso de reinvención y resiliencia. Ahora, cuando abro los ojos, me encuentro viviendo una vida soñada que no soñé, porque nunca la imaginé lejos de los míos, lejos de ELLA; pero así es, y me adapto lo mejor que puedo. Reviso entonces mis bases fundamentales y me busco sin poder encontrarme, por lo tanto, considero que esto no es una derrota sino una invitación a preguntarme: "¿Quién soy cuando no me definen las etiquetas?", "¿soy la presentadora de televisión?", "¿soy esa mujer emprendedora que hizo carrera en República Dominicana?", "¿soy periodista?", "¿soy la hija de Domingo Guzmán y Delfina Cáceres?" o, "¿es que no soy nadie?".

La identidad pretende mostrarme lo que soy y lo que otros creen que soy. En este bombardeo de preguntas, veo una sola salida a la comprensión: regresar a mi lugar de origen y conquistarme desde allí.

"¿Conquista o Reinvención?" La opción la eliges tú

He vuelto a hacer un viaje necesario al pasado para visitar aquella sala de parto donde mi madre me trae al mundo. Observo que los riesgos son altos, pero no más grandes que el amor con el que ella me recibe por primera vez en sus brazos. Nuestros ojos se fijan la una en la otra, el tiempo se detiene y el olfato, mi primer sentido en despertar, reconoce aquel olor que me llena de seguridad: el de esta sudorosa mujer que no escatima fuerzas para sonreírme, luminosa y sincera. Once o, más bien, diez hermanos y hermanas somos en total. El error de cálculo se debe a que Miledys dejó este mundo antes de poder conocerla, pero como su presencia permanece aún entre nosotros, no tengo reparo en contarla. ¿Te sorprende nuestro número? Creo que lo más sorprendente es lo que mis padres lograron hacer con nosotros.

Somos hijos de un hombre muy generoso y desprendido que se dedicaba al comercio ayudando a vecinos, empleados y familiares, de maneras inimaginables; y de una mujer, llena de sabiduría, que se empleaba en una excelente administración del hogar, a pesar de su escasa formación académica. Al rememorarlos me pregunto: *"¿Cómo es posible que de alguien que no sabe de letras, ni de matemáticas, salgan tantos recursos para la sociedad?"*. Quizás fue para sorprender a la humanidad y así enseñarnos que la nobleza y la bondad pueden ofrecernos grandes frutos. Reconozco que traerme al mundo cuando sus años ya habían platinado su sien, es digno de mi admiración, pero confieso también de mi miedo al creer que no podré disfrutarla lo suficiente; este sentimiento crece más ahora en mi vida como migrante, porque estoy lejos de ella.

Mis primeros siete años de vida pasaron y, en silenciosa tristeza, dejamos nuestra modesta casa en Saballo, un pequeño paraje de la Provincia Sánchez Ramírez, y con ello, la posibilidad de estar cerca de mis tíos, primos y amigos. Mis hermanos mayores (tres varones y cinco hembras) ya tienen algunos años viviendo en la ciudad y por ello creen que es el momento idóneo para llevarnos a papá, mamá, a mi hermana Belkis y a mí, a la capital. La adaptación no es tan simple, de hecho, puedo asegurarte de que el *bullying* ya existía para la época. Por eso evité decir de dónde venía. De alguna manera tengo que protegerme, ¿no? Mi amiga Eliska no lo hizo, y le apodaron "La campesina". Pero ahora que te lo cuento, veo que no es tan dramático, hasta me ha sacado una carcajada. Sin embargo, considero importante abrir posibilidades de diálogo con los niños que cambian de ciudad o país, para así dotarles de herramientas que les permitan hacer frente al rechazo y a las burlas que pudiera conllevar el choque cultural.

Grandes retos comenzaron a conformar nuestra cotidianidad durante la adaptación a la ciudad. Ahora, ¡hasta pagamos alquiler! Cuando antes, aunque modesta, aquella casa era nuestra. Ya mamá no toma café con Amelia, la vecina de cabello blanco que mecía su pie izquierdo de un lado a otro, cuando sentadas conversaban de todo y de nada. ¿Y qué decir de mí? En el campo también quedó mi pasión por las plantas, allá dejé mi bello jardín. Hasta mi padre sufre el cambio. Sus hombros que antes eran columnas que sostenían las necesidades de nuestra familia, pasan por una especie de desplome al no saber cómo cumplir su rol de proveedor. Ahora sólo se encarga de administrar los pocos recursos que mis hermanos traen a casa fruto de sus modestos trabajos. No quiero parecer dramática, pero en realidad hay mucha inestabilidad a nuestro alrededor y, sin embargo, nunca nos acostamos con el estómago vacío, ni incumplimos con nuestros compromisos. Quizás es nuestra valentía y empeño lo que nos permite alzar cabeza y disfrutar ahora, algunos años después, de una mejor calidad de vida. Nunca nos ha perturbado cuán fuerte soplen los vientos, porque siempre juntos como familia hemos logrado ajustar la vela. Pero… ¿qué pasaría si el barco perdiera a su capitán?

No hay nadie más valiente e invencible que papá para mí, él es un superhéroe que protege su sensibilidad bajo un temperamento fuerte, pero que igual no me engaña, nos ama con locura. ¿Sabes? Confieso que siempre he tenido miedo de perder a mamá, pero no a papá, porque, para mí, él es eterno.

Es de noche, una de esas tantas donde le jugamos bromas, *"el barbero lo ha trasquilado, apenas le ha dejado las orejas"*, le digo, y él se ríe a carcajadas. Minutos después, ¡es momento de ir a dormir!, nos despedimos como siempre, solo que esta vez… será la última que le tendremos con nosotros. Desde entonces, no conozco mayor desolación que haberlo perdido. Y, si es cierto que la migración supone siete duelos, entonces, *"¿cuántos duelos tendré que elaborar por ti papá?"*. Profundamente triste y con el alma adolorida, busco paz; la encuentro en una iglesia donde mi fe se refugia, pero el vacío que ha dejado él en mi corazón, ¿con qué lo lleno?

Mi viaje de "conquista" al ayer termina aquí, y me lleva a comprender que la identidad, si se ha perdido, se reconstruye o se reinventa. Regresar al pasado y apreciar la dinámica familiar desde fuera es uno de los grandes regalos de la migración. ¿Quién soy yo en esta nueva realidad?, ¿cuáles valores y principios de mi lugar de origen son innegociables?, ¿con cuáles formas de ser y actuar decido quedarme? Al final, no se trata de desaparecer, ni de borrar lo que somos, se trata de integrar, de elegir lo mejor de dos mundos.

Y, ahora que tú y yo estamos compartiendo una conversación sincera a lo largo de estas páginas, permíteme decirte que mi verdadero nombre es Gravely. Cuando empecé a trabajar en televisión, opté por un nombre artístico para evitar que me llamaran: Raively, Aravely, Chavely y todas las que terminaban en "ely". De todas maneras, nada de esto tendrá mucha importancia al momento de emigrar.

En este punto, quisiera saber algo: en el camino de exploración que estás realizando, ¿qué has perdido?, ¿a qué has renunciado?, ¿qué te inspira la palabra REINVENCIÓN? Estas y otras preguntas han sido de vital importancia en mi proceso migratorio, por ello, en la búsqueda de respuestas, te propongo: ¿me dejas acompañarte a encontrarlas?

Gaby Guzmán

Testimonio de Mariela Escolástico

"¿La migración: trampa o salvación?"

La historia de Mariela es una invitación a no romantizar, ni idealizar vivir en el extranjero

"...muchas veces estamos programados por el ambiente de los mismos viajeros que esconden la verdadera cara de la migración..."

La amargura del forastero que cambiaba la dinámica de nuestro hogar

"Su habilidad en las ventas es tal que, sin problemas, podría expender hielo en Alaska", diría de la maravillosa mujer que me trajo al mundo, en San Francisco de Macorís, República Dominicana. "Si, por ejemplo, le das algo de tres pesos, ella lo venderá en diez", simplemente porque su condición de ama de casa nunca opacó su capacidad innata para ser una gran vendedora, o ¿quizás fue la manera cómo se aseguró de proveer más y mejor para su hogar? En fin, gracias a eso también soy una "buena negociante", aunque no me guste, debo admitirlo. De mi madre es mucho lo que puedo decir, aunque por el momento me gustaría resaltar su espíritu sumamente amable e incapaz de lastimar a alguien. Con su ejemplo me ha inculcado lo valioso que es tener un corazón dispuesto para sostener a otros cuando lo necesitan.

De mi padre podría decir que aprendí el valor de la laboriosidad, virtud que me ha acompañado en el área profesional y ahora, en mi vida como migrante. En su época y país, él se dedicó a "conchar" o a ofrecer servicios de transporte colectivo urbano, luego pasó a convertirse en un dominicano más en los Estados Unidos, donde trabajó como taxista de campo de golf. No le tenía miedo al trabajo, "porque aquel que le tenga miedo al trabajo, difícilmente estará preparado para empezar desde cero en el extranjero". Otro de sus aportes fue la importancia de dedicar tiempo a la lectura; frecuentemente lo encontraba concentrado en su asiento, leyendo el periódico. De allí que a mí me encante deleitarme con un buen libro.

Relatando todo así pareciera que mi vida fue de color rosa, pero, en realidad, se asemejaba más a una pesadilla. De esas que "no terminan cuando despiertas".

Antes de llegar a este mundo, mis padres ya habían conocido el terrible dolor de haber perdido a su primera hija quien estaba por cumplir, apenas, tres añitos. "Imagino que papá se fue con ese dolor que le quemaba el alma y, sin ánimos de justificarlo, pienso que la soledad y el cambio de país lo llevaron a ahogar sus penas en el alcohol". El tardaba cinco, siete y hasta diez años en regresar al país, y cuando nos visitaba, su estadía era de uno a dos años, el mismo tiempo que duraba mi calvario. "No pueden hacer ruido porque su papá se molesta", nos recordaba mi madre, sintiendo yo, que perdía toda mi libertad. La dinámica de nuestro hogar llegó a ser muy cambiante, no solo porque cada "tantos" recibimos a un señor extraño en casa (mi padre) al que le debíamos respeto, sino, además, porque ese forastero traía una amargura tal que nuestra casa pasaba de ser un lugar de paz, a convertirse en un infierno. Siendo apenas una niña me era imposible asimilar como él podía tratar tan mal a sus hijos, pasando tan fácilmente de los insultos a la agresión. Pequeña, nerviosa y miedosa es la imagen que podría dar de mí en medio de tanto abuso. Falté, por ende, de muchos cuidados y de la estructura necesaria para crecer sanamente.

El afecto, los límites sanos y el sentido de pertenencia fueron lecciones inconclusas y confusas en esa época. Viví siempre con una sensación de vacío emocional y vergüenza que no me facilitó la adaptación a ningún ambiente. Recuerdo que constantemente le preguntaba a Dios: "¿para qué me trajiste a este mundo si mi padre no me quiere?". Asumo que de él me vino el entendimiento de que "los padres son seres humanos que tienen heridas y que, muchas veces, continúan hiriendo a sus hijos porque eso fue lo que aprendieron"; una especie de cadena-consecuencia de haber vivido una infancia difícil... quizás hasta más difícil que la mía con él. Esto me lleva a lamentar la imposibilidad que tenemos muchos de romper el ciclo de la violencia y la ignorancia de algunos que justifican su conducta en el maltrato que otrora recibieron. En fin, como la relación con mi progenitor fue muy tóxica, no establecimos ningún vínculo funcional. Con el tiempo, menguó su mala disposición y fue, por ende, un poco más cercano con mi hermana menor. Yo, sin embargo, quedé completamente afectada.

¿Terminó esto en mi infancia? No, sino que empeoró durante la adolescencia. Encarné un manojo de inseguridades, sensaciones de minusvalía y de vergüenza por todo. Lo único que me ayudaba a seguir adelante era la fe de que algún día las cosas cambiarían para mí. A los 18 años me casé, pero la relación no prosperó. Dos años después, conocí a quien hoy es mi esposo y junto a él emprendí mi aventura migratoria. Pero antes de ellos dos, otro hombre tuvo una maravillosa influencia en mí, Máximo Beras Goico, un psiquiatra que animaba el programa de televisión titulado: "El psiquiatra en su hogar". Cuando lo escuchaba hablar, pensaba: "no sé qué quiero estudiar, pero quiero apoyar a la gente como él lo hace".

Él sabía hablar muy lindo y también ser recto cuando se requería; en buen dominicano, "echaba su boche" cuando era necesario. Inspirada en esta referencia y en mi incipiente pasión, investigué sobre el estudio del comportamiento humano, lo que descubrí me terminó de conquistar. "¿Qué vas a estudiar, Mariela?", preguntó mi padre al entrar en bachillerato, "Psicología, papá", respondí. "¡Aquí nadie me va a analizar!", vociferó y enseguida le ordenó a mi madre: "¡Trae el uniforme y los útiles escolares de Mariela y quémalos ahora mismo!". Sumisamente lo hizo. Quizás te preguntarás cómo mi madre accedió a tal mandato, simple, todos en casa le teníamos miedo y él sabía muy bien cómo manipularnos. Me sacó del colegio y no fue, sino hasta dos años más tarde, cuando pude retomar los estudios. Estudié Psicología siendo adulta, teniendo ya tres hijas grandes. Mis deseos de emigrar estuvieron influenciados porque crecí escuchando a vecinos, familiares, amigos, etc., diciendo que mi padre debería llevar a su familia a vivir con él a Estados Unidos, porque ese país era mejor en absolutamente todo; dígase, educación, salud, economía, etc.

"Crecí anhelando vivir una vida como "viajera" e ir a mi país en diciembre como muchos inmigrantes dominicanos en New York"

Terminé por creer que mi padre nos debía la oportunidad de llevarnos a Estados Unidos a vivir con él, algo que nunca sucedió. Pensé que su accionar era por despreocupación o quizás por egoísmo, pero en realidad fue por sobreprotección.

Para reconciliarme con esta figura y tener paz en mi vida, tuve muchas veces, que ponerme en sus zapatos. Incluso al emigrar logré entender una de las razones por las que mi progenitor desarrolló su alcoholismo: *"bebe, porque si no bebes no te vas a adaptar al sistema"*, me ha sugerido mucha gente. Pero esto no fue lo único que me enseñó mi travesía, ahora te cuento cómo transcurrió y las lecciones que vinieron con ella.

Trabajaba en una estancia infantil cuando les conté, a mi jefa y a mis amigas cercanas, sobre mis intenciones de dejar el país, pero como estábamos en pandemia, no presenté en ese entonces mi renuncia. Una vez pasado este episodio global, le dije a mi esposo: *"Lo hacemos ahora o nunca"*. Él estaba tan indeciso que quiso salir primero para ver el panorama. Para ese entonces, vivíamos en República Dominicana con nuestras dos hijas menores puesto que la mayor ya había alzado el vuelo migratorio, hacía algún tiempo. Aún este significativo detalle no le generaba confianza a mi compañero, pero al final accedió. En un mes vendimos todos los artículos de la casa y dos vehículos, no obstante, quedaban ciertas cosas, y como siempre pongo mis planes en manos de Dios, hice una oración y le dije: *"Si es tu voluntad que emigremos, permite que se venda todo"*, tome esto como una señal divina, porque dos semanas después, ya no quedaba nada. Cuando dimos el paso, contábamos también con tres meses de paga de mi antiguo trabajo que fueron de gran alivio.

"Ahora me doy cuenta de cuán rápidos somos en soltar todo, como si lo de allí no tuviese valor"

Llegamos entonces a la casa de unos familiares siendo acogidos con suma gentileza, pese a la estrechez del alojamiento. Pasamos los primeros tres meses saliendo, conociendo, enamorándonos del lugar y por supuesto, buscando trabajo. Objetivo que muy pronto alcancé, al entrar a una factoría. La pila de cojines tocaba el techo de aquel gigantesco lugar donde yo, con un soplete les quitaba las pelusas. *"Es que tú eres blandita"*, me dije la primera vez que regresé a casa con fiebre; luego me corregí, *"tú no eres blandita, solo estás pasando por un reajuste a nivel psicológico"*. Y no era mera excusa, antes tenía toda una vida con mis rutinas y ahora me tocaba crear nuevos hábitos, a la vez que me enfrentaba a otro país, a nuevos olores y sabores, a otra idiosincrasia, etc.

Llegué a pensar: *"Esto es una depresión"*, y cuando buscaba información se me hacía más y más evidente que a parte de lo antes dicho, estaba viviendo también el choque de trabajar en un ambiente donde se hablaba duro, de forma despectiva. Por suerte sólo duré dos días en esa factoría, luego me enviaron a otra donde empecé hacer amigas y a sentirme mejor. Poco después nos mudamos a casa de otros familiares en New Jersey, estábamos motivados porque este nuevo alojamiento, nos permitiría gozar de más espacio para nuestras hijas. En el nuevo hogar la convivencia empezó a complicarse. Allí comprendí que *"cada casa es un mundo y cuando juntas dos, no es tan fácil ajustarse a los hábitos de otros"*. Mientras, yo prefiero disfrutar de la tranquilidad de la mañana en silencio y con una taza de té, existen personas que les gusta iniciar el día con la radio a todo volumen.

Al final, las diferencias en la convivencia nos llevaron de regreso a la casa de los primeros familiares que gentilmente nos acogieron. Un reto porque sentíamos que ya era tiempo de tener nuestro espacio. Buscábamos casas y las pocas que aparecían exigían requisitos que no podíamos satisfacer. *"Estaba tan nublada, tan perturbada que no podía ver las oportunidades ni apreciar la belleza"*; fue entonces cuando mi hija mayor nos propuso irnos a vivir a Boston.

Al principio lo vi como un campo; luego de conocerlo, declaré: *"de aquí no me saca nadie"*. Tampoco fue fácil la integración y la cotidianidad pues, éramos diez personas con un solo baño. Nos preocupaba el estar siendo una molestia, pero las frases sinceras como: *"Siéntanse como en su casa, dispongan de lo que requieran"*, *"tranquilos, busquen casa con detenimiento"*, ayudó a que todo fluyera. *"No tengo cómo pagarles el trato que nos dieron"*. Y allí fue cuando me dio el "bajón". Pasaba los días acostada en una cama, sin querer salir, sin deseos de compartir y viéndolo todo negro. Recuerdo que le decía a mi esposo: "Nosotros podemos irnos, todavía no tenemos seis meses aquí". Contábamos con el presupuesto para alquilar, trabajaba en una cadena de restaurantes y poníamos todo de nuestra parte para hacerlo, pero al no cumplir con sus dichosas exigencias, el plan se venía al suelo y eso no me ayudaba en nada a levantar el ánimo. Somaticé toda esta situación con dolor en la espalda y en las rodillas y renuncié a mi búsqueda, pero dejándola en manos de Dios, allí fue cuando ocurrió el milagro: apareció la casa indicada, tal y como se la había pedido.

Para superar lo que estaba viviendo emocional y psicológicamente, me apoyé en la lectura y también tomé terapia, gracias a estas me enteré de lo que era el Duelo Migratorio y su proceso. Me identifiqué mucho con los ejemplos que recibí y, desde allí, la "cuesta arriba" se hizo más plana o bien, me fortaleció tanto que supe de dónde sacar fuerzas para seguir adelante. Por consiguiente, pude apoyar mejor el proceso de mis dos adolescentes que estaban sufriendo la separación de sus amigos. Secándome las lágrimas las motivaba y ellas me retribuían con un apoyo mutuo. Con mi pareja llegamos al acuerdo de sostenernos y esto resultó mucho. Solo faltaba que yo asumiera la responsabilidad más importante de todas, la de cuidarme a mí misma, en vez de machacarme, empecé a hablarme con cariño y a explicarme porque me sentía de una manera u otra. "El recurso que me ha apoyado, es el permitirme sentir"; cuando no me quería levantar, no me levantaba, si no quería salir, no salía, desde entonces me consiento internamente. Dejé de preguntarme: ¿por qué vine para acá?, ¿por qué traje a mis hijas? Por otro lado, pude madurar al reconocer que lo que me había traído a este país, no era una necesidad apremiante a nivel económico, pues, en donde estaba, lo tenía todo, sino que mi riesgosa jugada respondía más bien a los sentimientos de desesperanza, desvalorización, abandono, vergüenza y otros que venía arrastrando desde mi infancia. Supe indudablemente que la frase: "Voy a llegar allá y van a terminar todos mis males", fue la trampa que yo misma había inventado.

Reflexionar, meditar y analizarme, me ha ayudado bastante. Pienso en cómo estoy ahora y puedo sentirme orgullosa del cambio logrado porque esto era algo que no hacía en República Dominicana, donde gozaba de todos los beneficios. Allá, en mi tierra, es cierto que viví rechazo, abandono, traición y humillación, pero a pesar de todo, tenía a mi familia y hablaba el mismo idioma que los demás, cosas que, al dejarlas, pesaron sobre mis hombros durante mi duelo migratorio. ¿Y qué decir de las dificultades laborales a las cuales tuve que adaptarme? Recuerdo que, a parte de la fábrica de cojines, también estuve en otra donde ponían pintalabios en cajitas, "para mí eso es peor que hacer mezclas de cemento, una vaina repetitiva", desde entonces me arrepentí desde lo más profundo de mí, por andar buscando "un trabajo fácil", quizás por el miedo que sentía al enfrentarme a una nueva realidad.

Ahora estoy consciente de que quiero usar mis neuronas y ejercer mi profesión y no solo para sustentar a mi familia, sino también para estar al servicio del ser humano, como siempre quise hacerlo. Al lograr superar ese escollo de la vida, cumplí con mi pasión y cometido e incluso he seguido formándome, realizando estudios en terapia transformacional. Al lado de esto, estoy haciendo un curso de papelería creativa, otra pasión que tengo desde niña. En su tiempo no le encontraba sentido ni valor, ahora estoy emocionada.

En este punto me gustaría llegar a una reflexión que podría ser útil para quienes quieren emigrar: muchos damos este paso a lo loco, porque queremos tener la residencia y demás, ¿pero tenemos un plan realista y flexible?, ¿nos hemos preguntado si sabemos algo sobre el duelo migratorio?, ¿cuál es mi capacidad para adaptarme al nuevo país?, ¿qué herramientas tengo para emigrar?, ¿tengo en cuenta que los cambios que presenta este duelo, a nivel psicológico, son muy parecidos a la depresión? Hay gente que termina en la calle, que se convierten en alcohólicos, hay gente a las que el frío las enferma. La edad también influye mucho. Pero si ya estás en ello y sientes que es muy grande para ti, busca ayuda. Hay gente que busca poner anestesia a su duelo a través de alguna sustancia. Es muy delicado emigrar en familia, hay que estar muy atento a los hijos, el no manejo de un duelo puede desencadenar muchas cosas. Los niños sufren más que uno, no se les puede decir que lo estamos haciendo por ellos porque le pasamos la carga de nuestras decisiones.

Pese a ser psicóloga, no había escuchado sobre el Duelo Migratorio, sino, me hubiese preparado emocionalmente para ello. ¿Cómo es posible que tomemos tan a la ligera una decisión tan fundamental como cambiar de país? Muchas veces actuamos movidos por la curiosidad de ver que hay en este país, decimos que emigramos para "Tener una mejor calidad de vida", pero la verdadera razón es que estamos programados por el ambiente que crean los mismos viajeros, quienes esconden la verdadera cara de la migración. ¡La migración es una trampa!

"Compré la idea de que todo es más fácil en este país"

"Muchos dominicanos piensan que emigrar es lo mejor, porque el que va de visita al país con ropa bonita, regalando, tirando dinero para arriba, pareciera no dar pie para que el nativo se imagine todos los sacrificios que hace el inmigrante para ganarse esos pesitos, y "explotarlos" en un viaje a su país, — gastarlos solo para impresionar a los demás —."

Te lanzas a la aventura pensando en una cosa, y luego te das cuenta de que los trabajos, el tiempo calculado, la cantidad de cuentas por pagar, te hacen preso de un sistema que te consume en todos los sentidos, y que, si no cuentas con las herramientas emocionales, profesionales y económicas, en vez de crecer como ser humano, este proceso te destruye. Razón por la que muchos se refugian en las drogas, el alcohol, la prostitución, etc.

Quienes están allá solo ven la parte "bonita de la migración" se les escucha decir, "que el viajero está mejor cuidado", "que vino con buenas carteras", "que compró una casa" y más ahora con las redes que te muestran su supuesta vida maravillosa, pero lo que no saben es todo lo que se esconde detrás de esa "vida perfecta y maravillosa". Tal vez tenía unos meses sin salir porque las deudas lo arropaban, pero el día que decide ir a un restaurante sube las fotos a sus redes y con esa imagen es que la gente se queda. Entonces, tú vienes aquí pensando que todo el mundo te va a dar, que todo el mundo te va a extender la mano, que trabajar en una factoría o en una cadena de alimentos no es tan difícil, que durar ocho horas parada no es nada.

Sin embargo, algunos inmigrantes hacen comentarios tales como: "Ustedes si están bien aquí", refiriéndose al país de origen. El autóctono que tiene su programación de idealizar la vida en el extranjero no hace más que preguntarse: "¿Y por qué ustedes no vuelven a su país si supuestamente las cosas están tan mal en el país de acogida? Ahora entiendo todo, comprendo perfectamente porque decían esas cosas.

"El vago no puede emigrar", la migración implica esfuerzo y trabajo constante. Gracias a que contamos con habilidades que hemos podido utilizar y tenemos buenas proyecciones. Además, yo tengo hambre de crecer, pero no cualquiera aguanta este fuete. Los procesos son lentos y uno tiene que fluir con la situación porque si no te vuelves loco.

Terminaré por decir, que emigrar duele, especialmente cuando dejas atrás todo lo conocido y querido. Cada paso en tierras desconocidas es una mezcla de excitación y temor, una montaña rusa emocional. Sin embargo, en medio de la nostalgia y la adaptación, descubro una fuerza interna que me impulsa a crecer, a enfrentar desafíos y a construir un nuevo hogar lejos de casa. La emigración me enseña que, aunque el dolor puede ser intenso, también es un catalizador para el crecimiento personal y la apreciación de las oportunidades que la vida me brinda.

Capítulo 1

La búsqueda de libertad a través de la migración y su coste

E s un día gris y lluvioso. La tierra húmeda enloda el calzado del grupo de gente que se reúne alrededor de un ataúd. ¿Qué pensamientos pasan por sus mentes?, ¿cómo se explican a sí mismos lo que sienten al depositar a ese ser querido en la tierra?, ¿cómo vivirán con eso a partir de ahora? Para intentar dar respuesta a estas preguntas, primero necesitaríamos ponerle nombre a eso que están atravesando: "Duelo", y luego, entender que, aunque mucha gente lo relacione con la palabra "Muerte", esto abarca mucho más.

Tal como lo describe la tanatóloga colombiana, Issa Fonnegra: *"cualquier pérdida, que va seguida de una reacción, constituye un duelo"*, por consiguiente, más adecuado sería relacionar las palabras duelo-pérdida, por tratarse de un reajuste emocional, de una especie de rebelión interna que nos hace sentir diferentes. Es en este proceso donde creamos una ilusión, un anhelo profundo por algo o alguien que echamos de menos enormemente.

La verdad es que a lo largo de nuestras vidas estamos ganando y perdiendo cosas, como, por ejemplo; la juventud, la salud, la libertad financiera, la confianza en nosotros mismos, etc. Al abarcar estos conceptos abstractos dentro de las pérdidas, podemos entender que hablar de duelo, no es solo hablar de lo que sigue tras la desaparición física de un ser querido; aunque, sean situaciones que haya que procesar igual a la de un duelo mortuorio. En este libro haremos especial énfasis en las pérdidas asociadas al proceso migratorio y a sus características. Los teóricos que citaremos a continuación coinciden en que, al tratarse el duelo migratorio de un proceso, es necesario sentirlo, vivirlo y concederle la importancia suficiente como para hacer un alto en el camino y comprender que estamos en un periodo de adaptación.

De hecho, con esta frase: *"Estoy en un duelo. Yo perdí algo importante y merezco este espacio para revisar, para aceptar y asimilarlo"*, **Issa Fonnegra, nos muestra un ejemplo de cómo podemos asumirlo.**

Cuando comencé a estudiar este fenómeno por el cual estaba pasando, lo imaginaba como un fantasma de una sola cara, pero resultó que se trataba de algo más complejo. De allí que, por la multiplicidad, decidí darle al duelo migratorio el título de: "Padre de todos los duelos". ¿Por qué?, simplemente porque a parte del dolor que experimentamos por la separación de nuestra tierra (y todo lo que eso implica) podemos sufrir al mismo tiempo, por ejemplo, pérdidas que van desde la separación física de nuestros seres queridos (a los que, dicho sea de paso, muchas veces no podemos despedir por estar lejos), la incertidumbre profesional y, en el peor —pero más común— de los casos, el cambio de estatus; también podemos ser víctimas del rechazo y hasta de la xenofobia, correr el riesgo de exclusión social, indigencia, robo, secuestro, accidentes e incendios, problemas de salud física, psicológica y emocional, crisis espiritual, etc. Entonces, ¿le queda bien el rango atribuido?

Ahora que hemos echado un vistazo a las pérdidas que conviven dentro del duelo migratorio, cabe preguntarse: ¿termina allí su complejidad?, pues no. Resulta que la psiquiatra suiza, Elisabeth Kübler-Ross, quien dedicó su vida a investigar sobre la "muerte y el acto de morir" describió por primera vez en el año 1969 las cinco fases del duelo. Estas son: la negación, la ira, la negociación, la depresión, y la aceptación. Y como si no fuera suficiente ya, estas no actúan separadamente y en forma lineal, sino que se desarrollan en una dinámica entrecruzada, es decir, retroceden, saltan y se repiten, haciendo de la experiencia una verdadera montaña rusa emocional. Es así *"como la naturaleza cura un corazón roto por estar lejos de su tierra"*. (Ver gráfico del modelo de Kübler-Ross).

Etapas del duelo

NEGACIÓN

Se puede producir una negación de la importancia de la pérdida o de su condición definitiva.

IRA

Está asociada a sentimientos de frustración y de impotencia con respecto a la propia capacidad de modificar las consecuencias de la pérdida. La frustración conlleva a su vez la aparición de enfado y de ira.

NEGOCIACIÓN

En la fase de negociación la persona guarda la esperanza de que nada cambie y de que puede influir de algún modo en la situación.

DEPRESIÓN

Sentimientos de tristeza y de desesperanza junto con otros síntomas típicos de los estados depresivos, como el aislamiento social o la falta de motivación.

ACEPTACIÓN

Después de las fases de negación, ira, negación y depresión llega la aceptación de la pérdida y la llegada de un estado de calma asociado a la compresión de la pérdida.

Elisabeth
Kübler-Ross

Si bien es cierto que emigrar nos pone ante un mundo de nuevas experiencias de crecimiento personal, no menos cierto es que la migración, dependiendo de las condiciones en las que se realice, también representa una amenaza para el psiquismo (conjunto de funciones y procesos psicológicos como percepción, pensamiento, memoria, emoción, motivación, etc., que constituyen la actividad mental de una persona).

Al sumergirme más en este mundo, noté el uso de un término que me pareció inhabitual emplear para estos casos, y es "elaborar en lugar de superar". Normalmente, yo querría "superar" un duelo, no "elaborarlo", luego comprendí que siendo un proceso natural y de adaptación donde reordenamos nuestra personalidad y aspectos psicológicos, es necesario realizar un trabajo adecuado para que se transforme en un estado diferente, lo cual es la definición de la palabra "elaboración". Además, los duelos son como una cicatriz, es decir, heridas que han cerrado, pero que no desaparecen, sino que se van modificando poco a poco haciéndose, cada día, más vivibles. Por el contrario, un duelo no elaborado de forma correcta bloquea el desarrollo emocional y aumenta, afectando al individuo física, mental, y socialmente.

Volviendo a las fases antes mencionadas, si les sumamos el choque cultural y su adaptación (aculturación), factor clave en la elaboración del duelo migratorio, veremos que las mismas se multiplican en: fase de luna de miel (idealización de la nueva cultura), fase de choque cultural (confrontación con la realidad) y fase de la progresiva adaptación. Todas estas conllevan una fuerte inestabilidad emocional en forma de "V" y tal como sus hermanas, se repiten, causando altibajos anímicos durante la migración. Pero, si todo evoluciona de la mejor manera, los cambios de ánimo irán perdiendo intensidad.

Dicho esto, ¿podríamos concebir al duelo migratorio como una patología? Según Celia Arroyo, psicóloga especializada en el tema, no, pero al representar una amenaza para la salud mental del sujeto que no cuenta con las herramientas emocionales para asimilar las pérdidas asociadas a este proceso, surge la cuestión: ¿La migración es para todos? Dependerá de si el individuo se provee y hace uso funcional de las herramientas claves para afrontar la profundidad y multiplicidad de los cambios que implica la expatriación, fue lo que entendí durante las entrevistas que realicé a los expertos en la materia, Ana Andon y Joseba Achotegui. Sin embargo, esto no es tan simple, si la persona tiene resistencia a los cambios, aún en su país de origen, de seguro la adaptación en el nuevo le va a costar un poco más de trabajo, me explicaron ambos. Ahora, esta aclaración no es una sentencia, ni una afirmación excluyente, porque al final, si volvemos a citar la condición de que el ser humano es un ser adaptativo, es, por ende, perfectamente capaz de salir del "foso". De allí que, sea también importante analizar las circunstancias en las que se producirá el desplazamiento, la vulnerabilidad del sujeto, su historia, edad, entre otras.

En resumen, si el éxito del proyecto migratorio de la persona está supeditado a los recursos psicológicos, emocionales, profesionales y, por su puesto, a los económicos, entonces, ¿cómo debería darse este paso?, ¿una decisión de esta envergadura debería ser tomada a la ligera?

Ahora, ¿qué tal si antes de continuar avanzando nos familiarizamos un poco más con estos términos? Para ello, te propongo lo que resumo de la clasificación expuesta en el libro *"Estrés y duelo migratorio"* (Achotegui, 2009), sobre las características específicas de este fenómeno:

El duelo migratorio es,

1. Parcial, pues solo se trata de un desarraigo de nuestra tierra y de una separación física no definitiva de alguien, como en el caso del duelo mortuorio (aunque esto también se pueda sumar al proceso).

2. Recurrente, porque deja una cicatriz que con el tiempo disminuye y da lugar a una resignificación del hecho. Es decir, una herida que llega a doler menos, pero, no a desaparecer por completo, ya que se activa cuando volvemos a estar en contacto con nuestro lugar de origen.

3. Vinculante, al enlazarse a experiencias infantiles muy arraigadas.

4. Múltiple, porque incluye siete pérdidas que veremos más adelante (Ver gráfico de las pérdidas asociadas a la migración).

5. De constructor, ya que nuestra identidad sufre un cambio donde si bien, no perdemos todo, lo que somos busca en esencia un reacomodo.

6. Regresivo, porque usa como mecanismo de defensa, un retroceso del yo a un estadio anterior del desarrollo.

7. Confuso, en virtud de los sentimientos de no ser de aquí ni de allá, y que surgen de la experiencia de estar entre dos mundos.

8. Bilateral, pues quienes se quedan en el país de origen también lo viven, experimentando lo que se conoce como "El síndrome del nido vacío".

9. Irreversible, dado que, si el inmigrante decide retornar, de todos modos, ya se habrá producido en él un cambio, entonces tendrá que pasar por un choque cultural inverso, lo que representaría una nueva migración a su propio país.

10. Transgeneracional, es decir, se transfiere de generación en generación.

11. Único, si bien es cierto que nuestro proceso puede tener elementos comunes con los de los demás migrantes: tristeza, problemas de sueño, ira, miedo, etc., cada persona vive esas emociones de manera diferente, por un periodo de tiempo y en momentos diferentes y con una intensidad que responde más a su personalidad individual que a una generalidad del grupo.

En suma, a lo antes dicho, quisiera compartirte lo que pudiera ser una guía de las diferentes fases por las que pasa una persona al momento de decidir cambiar de país o región. Tomando en cuenta que cada migración es única y personal.

1. La decisión: en esta fase la persona es consciente de sus intenciones de emigrar y empieza a ponerlo en marcha. Es aquí donde muchos migrantes actúan movidos por un optimismo iluso, o desde una decisión "programada o automática" basada en la idealización del lugar de acogida. Dicho esto, aprovecho para invitarte a que concientices las verdaderas razones y motivaciones por las que piensas emigrar (o has emigrado, si es el caso).

2. La despedida: implica la decisión de dejar atrás todo aquello que formaba parte de su vida, su espacio de referencia y seguridad.

_3._ La llegada y su integración: la llegada es un momento intenso debido a los diferentes desafíos a los que la persona tendrá que hacer frente (alojamiento, actividad laboral, idioma, nuevas relaciones sociales, legalización, etc.) Cabe la posibilidad de que el sujeto entre en una dinámica frenética para lograr los objetivos esperados. Estos procesos requieren tiempo y recursos económicos, situación que podría desencadenar diferentes estados emocionales. De allí, las siguientes subdivisiones:

Asentamiento: época de mucho estrés debido a la cantidad de procesos administrativos por resolver.

Enamoramiento: estado emocional que se define por un conjunto de sensaciones positivas que se experimentan a nivel físico y mental, como son la libertad, el optimismo, y la gratitud. Esta etapa también se caracteriza por la idealización del objeto.

Todo es emocionante, diferente, distinto a lo que conocemos y, por lo tanto, despierta nuestro interés. No solo lo experimentamos en la parte exterior, también desde el interior, descubriendo aspectos de nosotros que antes pasaban desapercibidos. Aquí se proyectan nuestros deseos y sueños más profundos, como si la vida nos estuviera regalando una nueva oportunidad. Tenemos la impresión de que todo lo negativo ha desaparecido, dejando lugar sólo a la esperanza y a la libertad.

Desencanto: momento donde impera la sensación de pérdida del encanto o de la magia. El inmigrante deja de estar enamorado para ver su propia realidad; se produce en él un "choque cultural", que se define como el impacto de cambiar de una cultura conocida a un mundo totalmente nuevo. Fruto de esto se puede experimentar incertidumbre, ansiedad, desorientación, confusión, etc.

*4.*Las posibles crisis: aquí se enumeran los aspectos comunes a nivel emocional y psicológico por los que los migrantes pueden pasar.

Estos son: Duelo Migratorio, *el mal del inmigrante*, la tristeza, la melancolía, la añoranza por su tierra natal, los diferentes miedos, así como el rechazo. Más adelante me permitiré desarrollarlos con mayor detalle, no sin evitar adelantar que, cuando el ser humano logra asimilarlos de manera adecuada, estos pueden servir de impulsores o catalizadores. Por lo que, una vez superadas estas crisis o desafíos, se logrará paulatinamente cierta estabilidad emocional. Entonces, el migrante empezará a sentirse más integrado e identificado en el país de acogida.

En el área laboral-profesional, igual que sucede en el país de origen, podrá ir alcanzando otras condiciones, irá avanzando de forma más consciente y con mayores posibilidades, a medida que conozca mejor su entorno y pueda comunicarse de manera más eficaz. También aumentará su red de contactos y su círculo afectivo, logrando una mayor estabilidad, pudiendo incluso formar familia o aspirar a la reagrupación familiar. En todo esto, el expatriado ha pasado por un proceso de negociación y aceptación, por lo que es más comprensivo con las contradicciones de la nueva cultura; comienza a justipreciar de forma realista las posibilidades y aspectos positivos que le ofrece la nueva sociedad, así como también creará nuevos vínculos e integrará algunos aspectos culturales del nuevo país a su propia identidad. Esta fase se caracteriza por la expansión, el desarrollo personal y la reinvención del migrante.

El duelo es un proceso de reorganización del
psiquísmo que tiene lugar cuando
experimentamos una pérdida

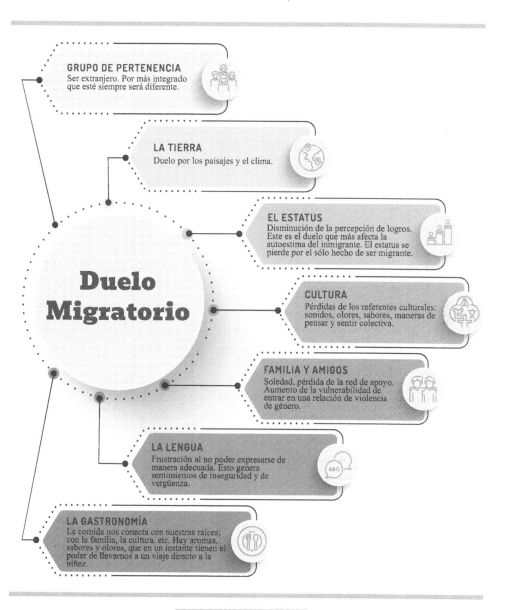

Duelo = Pérdida

5. Recaídas: el duelo según su característica "recurrente" puede ser entendido como "un ir y venir", entonces sentimientos que parecen haber sido superados volverán a atacar, sobre todo tras retomar el contacto con su país. Los sentimientos que experimentará hacia su nuevo hogar serán ambivalentes. Los festivos y fechas especiales significarán épocas en las que estos sentimientos recrudecerán y harán óptima la existencia de una recaída. Otro aspecto que tocará profundamente nuestro vulnerable progreso hacia una integración definitiva en el país de acogida será cuando se produzcan hechos graves en el lugar de procedencia (padecimiento de un familiar, enfermedad, muertes, etc.). Es prudente considerar también que, sin importar si el migrante ha logrado la estabilidad en ciertas áreas de su vida, él o ella pueden llegar a un punto en el que deciden regresar al lugar de partida. Esto ocurre sobre todo cuando no han logrado conectar con la gente, con el país, o adaptarse al clima. Esto no constituye un fracaso en sí, sino más bien la oportunidad de elegir un espacio donde le sea más viable generar estabilidad física y emocional.

No te voy a negar que a medida que iba descubriendo esto, me sentía, por un lado, aliviada al saber que el duelo migratorio no se trataba de un mal desconocido e incurable, pero, por el otro, aturdida por tantas aristas y las dimensiones que le caracterizan. Entonces para hacérmelo más fácil, decidí ir a la raíz, es decir, tratar de responder a las siguientes preguntas: ¿por qué duele tanto?, ¿son una o varias las razones por la que esto tiene tanto peso emocional?

1. Cuando renunciamos a la **lengua materna**, experimentamos frustración, inseguridad y vergüenza. Perdemos los códigos, ejemplo, el sentido del humor y nos sentimos incomprendidos y excluidos.

2. **Cultura** y **tierra** parecen dos sacrificios migratorios íntimamente relacionados, y es así, pero es importante destacar que una, la de la cultura, está más referida a la pérdida de referentes grupales o étnicos y a sus costumbres que se manifiestan a través de los olores, colores, sabores, sonidos, maneras de pensar y sentir, así como a la memoria colectiva. En tanto que, cuando hablamos de la nación, nos referimos más a los referentes territoriales: los efluvios del medio ambiente, el contacto con sus recursos naturales, sus paisajes, climas y microclimas, etc.

3. Si entramos en el campo del **estatus social**, notemos que, cuando el motivo de la migración implica la búsqueda de una mejor calidad de vida como parte de un proyecto personal que, después de un tiempo, no muestra logros (vivienda, trabajo, documentos y acceso a nuevas oportunidades), el expatriado se siente estancado. Es comprensible que esto sea una fuente de frustración y desánimo ya que de por sí, su estatus ha descendido a la categoría de "inmigrante" y además se ve forzado a hacer trabajos menos cualificados de los que hacía en su país de origen.

4. Encontrándonos en un nuevo ambiente, sufrimos la ausencia de un **grupo de pertenencia** del cual formar parte, y esto, según el psicólogo humanista, Abraham Maslow en 1943, está posicionado en el tercer escalafón de las necesidades humanas más importantes.

5. A todo esto, se suma los **riesgos físicos** por los que algunos pasan cuando viajan de manera irregular, así como también cuentan las amenazas de salud, la integridad física y la indefensión en un medio desconocido.

En el siguiente cuadro, hacemos un *check list* para verificar las etapas que describe el psiquiatra Bucay:

☑ Incredulidad,

☑ Regresión (vivo un dolor desmesurado),

☑ Furia (detrás de ella escondo la tristeza),

☑ Culpa,

☑ Desolación (creo que no hay arreglo, que nada tiene sentido, que no hay camino. Ruina interior);

☑ Resignación y avance (lo que estaba ya no está y no tengo que agarrarme más de eso),

☑ Reconstrucción (me ocupo de mí, hago de estas pérdidas una posibilidad de rescatar algo de mí, la herida está cicatrizando);

☑ Aceptación (la cicatriz queda, pero duele menos).

Es posible que te sientas identificado con varios de estos síntomas; algunos fueron mis compañeros durante largos meses, sin embargo, no olvido que esto es una espiral y que, en cualquier momento, puedo regresar a alguno de estos puntos. Con la diferencia de que ahora tengo la conciencia despierta al respecto y eso me facilita el acceso a herramientas eficaces para atenderme. Así fue como entendí e "integré" lo dicho por Bucay: "Elaborar un duelo no quiere decir que ya olvidé", porque la forma adecuada de hacerlo tiene que ver la toma de decisión. Una cosa más que siempre me dije a mí misma a la hora de buscar aceptación en mi nuevo entorno fue: *"mantente fiel a ti misma, sé tú";* y eso me ayudó a tratar de no "mimetizarme", es decir, intentar ser más francesa que los franceses. Mimetizarse, añado, no es solo una muestra de rechazo a nuestros orígenes, también es un riesgo importante de crisis de identidad.

En el proceso migratorio, por consiguiente, no solo hacemos frente a la novedad, sino que lo hacemos con el equipaje que traemos, por eso te pregunto: **¿Sabes cuántas maletas traes?**, quizás más de las que imaginas. Es posible que, en un primer ejercicio de conteo, digamos "una", "dos", "solo un bolso", pero debí aclararte que no estaba hablando de tus pertenencias físicas sino de tu patrimonio emocional. ¿Cuánta culpa, frustraciones, ilusiones, y hasta resentimientos, has mezclado con tu ropa interior o *t-shirts*?

Siendo fiel al eslogan de esta obra, "secretos de migrantes jamás contados", me gustaría revelar uno que cargué durante mucho tiempo y que tiene que ver con este "patrimonio emocional" que luego llevaría en mis maletas, junto con mi ropa y zapatos. Cuando vivía sola con mi madre, en República Dominicana, antes de que ella se fuese a residir a New York con una de mis hermanas, sabía que ella estaba muy bien cuidada, sin embargo, me causaba mucha **tristeza tenerla lejos, aún lo siento.** Además de la **culpa**, el **miedo** metía "su dedo en la llaga" insistiendo en su edad avanzada y en una distancia física que dificultaba mucho estar a su lado si algo le pasaba. Como bien dice Pablo Neruda: "Nosotros, los de entonces, ya no somos los mismos", algo cambia paulatinamente, pienso. No es malo, ni grave, no disminuye el amor con respecto a nuestra familia y amigos, pero si es real que se pierden ciertos códigos, que nos hacen sentir extranjeros dentro de nuestra propia tierra.

Hay muchos que inician la travesía con la bendición de toda la familia, incluso hasta empujados por ellos. ¿Entonces porque a veces los tales se consideran responsables de haber cometido un perjuicio al dejarles? La verdad, la culpa puede ser ilógica y no tener cabida en el mundo real. Quizás si compartiéramos las nuestras dudas con nuestros seres queridos, nos daríamos cuenta de que cada quien está avanzando bien en su camino y hasta somos objeto de su orgullo y admiración. Repito, ese remordimiento pesa demasiado y se relaciona con el auto señalamiento, la tristeza, y la lástima hacia uno mismo y hacia otras personas, asuntos que operan para truncar tu viaje. En muchas ocasiones, también creemos que estamos traicionando nuestras raíces, a nuestro grupo étnico, lo cual supone un obstáculo al momento de la integración en el país de acogida. Pero, hemos sido siempre migrantes desde tiempos ancestrales, una mezcla de todos. No estamos traicionando a nadie.

En conclusión, lo que he querido mostrarte con todos estos argumentos es que seamos conscientes de lo que nos mueve a emigrar, más que una responsabilidad es un aliado que nos llevará a buen puerto y un recurso que puede llegar a cambiar la forma de entender esta "empresa" por parte de las generaciones futuras.

Al igual que mi historia, las vivencias de Mariela Escolástico, a quien conozco desde que tenía diez años, muestran la otra cara de una migración idealizada. En otro tiempo, cuando vivíamos en la misma calle y asistíamos a la misma iglesia, deseaba tener el pelo tan lacio como el de ella y, además, la atención de los chicos del momento en el barrio donde residíamos. Nunca llegamos a hablar, yo tenía más comunicación con sus hermanas menores. Al crecer perdimos contacto, pero volví a tener noticias de ella cuando supe que se había casado con una figura pública. Una vez la vi en un *live* en Instagram, hablando sobre un tema de Psicología y me di cuenta de lo brillante que es como psicóloga; de hecho, la invité a una charla que estaba organizando vía zoom y continuamos interactuando. Recuerdo cuando me habló sobre sus planes a corto plazo de irse a residir a Estados Unidos. Entonces cuando llegó a mi mente la idea de escribir este libro, pensé en su historia y en su nueva vida en suelo norteamericano.

Capítulo 2

La experiencia previa como herramienta para moldear tu proceso migratorio

Testimonio de Diana Sophía Quispe

"Milagro viviente"

La migración como paradoja: lo que te rompe el corazón, termina por fortalecerlo

"¿Lo lograré?" Es la gran pregunta que se repite sin cesar durante nuestra existencia

"Sobrevivir siempre y a todo", una constante en la historia de Diana Sophía que nos inspira a nunca rendirnos, aunque pasemos por los umbrales de la muerte

Muchos comenzamos a contar nuestra historia indicando una fecha y un lugar de nacimiento, en mi caso, a este dato le agregaré el día y lugar de mi muerte; si, mi primera muerte. Lima, Perú, 03 de Julio del 1994.

Mi vida se halla en riesgo, estoy en el vientre de mi madre y alrededor de mí una sustancia verdosa mezclada con el líquido amniótico se cierne, son mis primeras heces. Una batalla por la supervivencia apenas comienza. Médicos y enfermeras, corren en pleno pasillo empujando consigo la camilla donde la mujer que me traerá al mundo está postrada. Dos semanas de retraso en el parto están pasando factura, ¿cuál será el propósito de la vida con esto? No lo sé, pero me está convirtiendo en una sobreviviente. ¿Lo lograré? Al parecer... ¡Si! "Milagro viviente", me catalogan tras haber regresado. Dicen ellos que ha durado escasos segundos, pero para mí, fue una eternidad. Apenas dos kilos me anclan a este formato físico que se bate con convulsiones. Mi madre en urgencias, semana tras semana, ansía con fe mantenerme con vida y, además, sana. No tiene ni idea de la cantidad de años que pasará luchando a mi lado para que no me vuelva a ir, ¡si alguien se lo dijera!, pero yo te lo diré a ti: seis... ¡seis años!

"Ella me ha salvado de todas las formas posibles en las que una persona puede ser salvada; desde proporcionarme los primeros auxilios, darme una buena educación y calidad de vida, hasta enseñarme a tener mi confianza puesta en Dios".

"La vida que estoy dejando atrás... es la mejor". La frase de alguien que ha sido compelida a migrar.

Un hermano mayor me recibe y, luego, con el tiempo, integramos a nuestra hermana menor. Soy una niña muy organizada y disciplinada, esta característica me acompañará el resto de mi vida; de hecho, para mí *"si algo no está en su sitio, entonces se perdió".* Las rutinas me dan estructura y la disciplina con mis deberes, así como con los ahorros, me permite hacer realidad mis planes. Por allí, dicen, que este tipo de comportamientos lo heredamos, pero no recuerdo que alguien me dijera que apartara una parte del dinero de la merienda para ahorrarlo; o que, de esas sumas alcanzadas, tuviera yo que compartirlo con mis hermanos tras ellos malgastar el suyo. Sobre esto último diría *"que he sido pendeja"* y, a la vez, que simplemente estoy respondiendo a lo que mi educación de base me enseña. Ahora que lo analizo, me pregunto: ¿no es el ahorro también una forma de educación? Creo que sí, porque fomenta cada virtud, enseña autocontrol, cultiva el orden y la previsión; además, amplía la mente. Todo esto siguió cobrando mayor sentido en el transcurso de mi vida.

Tengo ahora cuatro años y descubro el sentimiento de vacío. Mi papá ha emigrado a Estados Unidos y lo echo de menos. "Él me hace promesas y yo voy calculando ese tiempo en el calendario"; pero luego me siento triste porque no cumple con su palabra. Termino por acostumbrarme a su ausencia, ya que es más fácil vivir sin expectativas. Alcanzo la preadolescencia y ya no me importa su incumplimiento, "todo es a lo que tú te acostumbras", por eso aprendí a no estar con él. Además, hoy día soy capaz de imaginar que quizás él prefería poner fechas para no desilusionarme, sin entender que un niño solo desea tener el amor de sus padres. Tal vez por eso en casa siempre se habló de que nuestro padre está haciendo los papeles para llevarnos a vivir con él, pero que siendo tan difícil la migración, el asunto tardaba. Y cuando los años pasan sin que se concreten los planes, ¿qué explicación le damos? De pronto, una cita en la embajada nos toma por sorpresa, las puertas de esa otra tierra se están abriendo para nosotras, y esto también implica que mi hermano mayor se quedará viviendo solo, en Lima.

"Compramos los vuelos y comenzamos a hacer maletas", y a la par, sufro, no tanto por las cosas mate riales, sino por la vida que estoy dejando atrás. Me siento entre la espada y la pared. ¿Cómo oponerme a todo esto y salir ganando? ¡Solo tengo 12 años! ¿Cómo defiendo el hecho de no querer cambiar de vida? A diferencia de los adultos, yo, como adolescente, no tengo poder de decisión y eso es lo más difícil para mí. Por otro lado, entiendo que el trabajo de mi mamá sea político y que eso le da posibilidad de cambio a las cosas; sin embargo, nada me quita este sin sabor. ¡Caramba, estoy muy feliz con la vida que llevo! ¡Es la mejor vida! Me gusta la rutina de ir con mi tío al colegio, disfruto de sus chistes, de estar cerca de la familia y de mi abuela. Aunque siento curiosidad por ver qué hay del otro lado, no quiero cambiar mi entorno.

En el avión empieza mi calvario con el inglés, desde que la azafata me pregunta: *"What do you prefer to be served, chicken or fish?"*. ("¿Que prefiere que le sirvamos, pescado o pollo?") Para ser sincera, siempre detesté ese idioma... Al llegar al aeropuerto de Pensilvania, Estados Unidos, nos meten a un cuarto y como es nuestro primer viaje, pensamos que es normal. Hay gente llorando, preocupados, comiéndose las uñas, *"y nosotras muy tranquilas porque no entendemos lo que sucede"*. En realidad, tanto como a los demás, estamos siendo retenidas; particularmente, debido a unos productos de manicure que trae mi hermana, los cuales se han vaciado en la maleta.

Al salir de la pesquisa, las únicas maletas que quedan en la correa son las nuestras. Estoy dejando atrás lo conocido, empiezo una aventura, camino hacia las puertas abiertas del aeropuerto, sin saber a dónde ellas me llevarán, ¿quizás hacia muchas decepciones?, temo que así sea.

Aquí estoy, surfeando con el idioma, sintiendo la frustración y la incomprensión, me hallo enojada. A esa etapa la catalogo como *"la fase más traumática"*, aun así, reconozco mi valentía y disposición para hacer lo mejor que está a mi alcance. Es mi primer día de escuela, tengo miedo y el suelo vibra bajo mis pies. ¿Cómo serán las clases?, ¿y si me rechazan?, ¿y si la maestra me pregunta algo y no sé qué responder? No hago trampa en las evaluaciones, pero me valgo de algunas astucias para avanzar en el camino. *"Me aprendo una o dos palabras de la oración que incluye la pregunta y luego, memorizo una palabra de la respuesta"*; de esta forma logro completar los exámenes y para mi suerte, funciona. Mi perseverancia está dando frutos, ahora entiendo bastante y obtengo excelentes calificaciones, aunque todavía me resulta difícil hablar el idioma. Observar determinado sentimiento en mí, hace que me pregunte: *"¿Qué podría hacerme sentir odio por el país que me acoge?"*.

Las cosas en la familia no van bien, y eso puede no ser la respuesta a la pregunta anterior, pero sí es una de sus causas. Estoy volviendo a conocer a mi padre y a su familia, trato de acostumbrarme a vivir rodeada de mucha gente, en cierta forma, aún desconocida para mí. Aparte de esto, mi padre me decepciona una vez más, ahora sus acciones me abren los ojos y me cierran con dolor el corazón. La única ventaja que tienen las decepciones es que son capaces de aclarar el panorama, para que las acciones de otros no nos entierren vivos. Mi padre no solamente traiciona nuestra confianza, sino que también nos irrespeta de muchas formas. Sus infidelidades, su conducta descarada y su abuso de confianza al usurpar mi identidad para incurrir en créditos y poner facturas a mi nombre, es un golpe muy bajo a nuestro proyecto de familia. De esto me entero cuando empiezan a enviarme cartas, las cuales, siendo yo tan organizada, no entiendo cómo es que hemos llegado a este punto. El crédito aquí es importante para los proyectos venideros, perder la credibilidad entonces, supone un suicidio económico. Si bien es cierto que un fracaso puede no ser definitivo, también es cierto que tras algo así, el éxito nos quedará muy cuesta arriba... si es que la sociedad nos da la oportunidad de alcanzarlo.

"Sobrevivir a la decepción y crear tu propio universo". La batalla de todos los resilientes.

Ocho años han pasado desde aquel 8 de Julio de 2014. Hoy paso factura y me siento orgullosa de mis logros a nivel personal y financiero; el proceso podría parecer fácil; no obstante, ha costado sudor y lágrimas. Un reto enorme ha sido graduarme en la universidad, primero, por cursarla en un idioma diferente al mío; segundo, por enfrentarme a inviernos con temperaturas de hasta -10 grados Celsius; tercero, por empezar un trabajo como cajera en una tienda por departamentos para luego, muerta de cansancio, ir a cumplir con mis clases de la universidad. A lo mejor te estás preguntado, *"¿si alguna vez quise detenerme a mitad del camino y mandar todo a la porra?"*.

Para ser honesta hasta llegué a proferir insultos contra el país que me acogió, por encontrarme presa de mis frustraciones temporales. Afortunadamente, mi fuerza de voluntad me salvó. En este punto de la historia, me imagino que querrás saber, *"¿qué pasó con la deuda?"*. Pues, me dediqué a trabajar durante cinco meses para poder saldarlas, luego mi padre también me ayudó con una mínima parte del dinero. Una vez que mi madre, mi hermana menor y yo decidimos independizarnos, la vida empezó a sonreírnos, y en esa ola de buena suerte, conocí a mi esposo. Hoy me deleito en la familia que he formado, una que cuenta con dos hijos maravillosos.

Gracias a la decisión de instruirme en cuanto al manejo del dinero, me he abstenido de participar en la *"carrera de las ratas"* y he logrado gestionar mis finanzas sabiamente. Mi esposo y yo, hemos invertido en una propiedad en Pennsylvania y me estoy preparando para hacer negocios en mi natal Perú.

Aún no me acostumbro al frío y en un futuro cercano me visualizo regresando a mi país. Quisiera despedirme de estas líneas, dejando la siguiente reflexión del escritor Julio Verne: *"No hay obstáculos imposibles, sólo hay voluntades más fuertes y débiles"*.

Testimonio de Adayris Quezada

"Yo busco el avance, es para arriba que voy"

La migración como solución a las encrucijadas de la vida

La historia de Ada nos muestra cómo el destino suele barajar las cartas e invitarnos a jugar en el momento menos esperado

Me desempeñaba como camarera en un hotel de Punta Cana, cuando me tocó atender a una familia de procedencia francesa —una pareja de esposos junto a su hija de cuatro años de edad—. Les servía con la amabilidad que generalmente nos caracteriza como dominicanos; tanto, que al final de su estancia, estaban tan complacidos con el trato, que se mostraron interesados en que mantuviéramos contacto. Para mi sorpresa, ellos querían llevar aquel simple intercambio de palabras a otro tipo de relación; una que se propondría de manera inesperada mediante correo electrónico —pues, para la época, no estaban tan de moda los celulares— y que resultaría ser una puerta tentadora a una realidad de múltiples posibilidades. Para la fecha, solo había transcurrido un año de mi ingreso como parte del personal de este establecimiento turístico.

Había decidido dejar mi terruño, la provincia de San José de Ocoa, y a mi pequeño hijo de un año al cuidado de mi madre, porque al no contar con el apoyo de su padre, debía proveer para él. Tres horas de distancia y 15 días de ocupación ininterrumpida me separaban de él; por eso, cada vez que ese tiempo pasaba, las pocas horas de ruta me parecían interminables para ir al reencuentro de mi retoño y llenarlo de mimos. Sin embargo, debo confesar: ¿fue esta la única razón por la que me lancé a probar suerte en aquella ciudad apartada de mi familia? No, siempre estuvo en mí el deseo de ser una mujer productiva. Lo reconozco, crecí al lado de un padre, quien era un incansable agricultor, y de mi madre, una devota ama de casa; ellos nos dieron, a mis cinco hermanos y a mí, una bonita infancia. Nuestra vida campestre, cierto, fue modesta pero nunca nos faltó nada. Con el tiempo mi cuerpo se estiró hacia la adolescencia y fue allí, cuando creyendo en el amor, salí embarazada. El hombrecito que habitaba en mi vientre se convirtió desde entonces en la luz de mis ojos. Por él y gracias al ímpetu de mi carácter, es que me moví valientemente por aquellos lugares que me han puesto a prueba...

"Tendremos que prescindir de sus servicios", me anuncian un día en el hotel, y esa resolución fue a causa de los estragos económicos que les trajo la pasada temporada baja. De la nada, estoy sin empleo y con todos mis planes alterados; lo único bueno es que podré estar más presente para mi hijo; pero ¿por cuánto tiempo podré permanecer así? Es ahora cuando aquella oferta vuelve a tomar protagonismo en mis pensamientos: *"Ven a Francia a trabajar en nuestra casa. Te ocuparás de nuestra hija"*. Si aceptaba, no sería una idea descabellada e inédita, pues desde hace tiempo me ha llamado la atención vivir fuera del país.

Claro, siempre he idealizado a la migración, de la misma manera que millares de personas lo hacen, creyendo que es un acto de magia que resuelve todas las preocupaciones y puede ofrecernos una mejor calidad de vida. Por otra parte, no tengo el obstáculo del miedo al aprendizaje de una nueva lengua; de hecho, reconozco que esto me anima más a considerarlo seriamente y no, por ejemplo, a tomarlo como lo hice con la posibilidad de emigrar a España, donde miembros de mi familia viven, pero en donde no existe tal desafío idiomático. *"Piénsalo bien antes de dar tu respuesta"*, me dicen aquellos desconocidos franceses, y acuerdo analizar que, si bien quiero proveer más y mejor para mi hijo, aparte de propiciar el logro de mis metas y sueños personales, tampoco tengo una necesidad económica inminente que haga necesario lanzarme a tal empresa. *"Acepto, quiero hacerlo"*, fue mi respuesta temeraria y ambivalente de emociones.

En virtud de mi decisión, empiezo a poner en orden mi documentación. Los pensamientos de incredulidad anidan en mi cabeza, sobre todo cuando por unos días pierdo contacto con mis patrones potenciales, pero tras reanudar con ellos sigo adelante. Mientras tanto, la embajada francesa pone cuesta arriba mi solicitud haciendo parecer lejano el proyecto; mas, llegado el momento, el veredicto cae por su peso: visa aprobada. La sorpresa es enorme y, para ellos, el evento necesario para comprar mi billete de avión. Todo está yendo muy rápido, casi no tendré tiempo de despedirme.

Oficialmente mi aventura como *fille au pair* comienza. Esto no es más que un programa internacional de intercambio cultural que permite a los jóvenes vivir en el extranjero, descubrir una nueva cultura y aprender un nuevo idioma, a cambio de ayudar a su familia anfitriona en el hogar, especialmente con el cuidado de sus hijos. El término *Au Pair* proviene del francés y expresa la idea de igualdad entre la participante y su familia anfitriona. Resumidamente y, a diferencia de una relación clásica entre empleador-empleado, ambas partes están en igualdad de condiciones. Viajo, pues, con pocas cosas porque me dijeron que al llegar compraríamos lo necesario. Supongo que ellos, por conocer bien el clima, saben que allá tendremos opciones más apropiadas; yo, por ignorar la estación invernal a la que me enfrentaré, voy en blusa de tirito, zapatillas y sin abrigo. *"La inexperiencia no solo salió conmigo, sino que también me dio la bienvenida y está dispuesta a acompañarme por un largo periodo"*.

"El hombre puede soportar las desgracias que son accidentales y llegan de fuera. Pero sufrir por propias culpas, esa es la pesadilla de la vida" (Oscar Wilde).

Mis primeros días en Francia están cargados de emociones, por cada gota de felicidad, me acompaña una gota de tristeza; estoy contenta por la gran puerta que se abre, pero también triste por extrañar a mi pequeño. Además, *"la culpa siempre está cuando dejas a tu hijo y te pierdes de verlo dar sus primeros pasos o de estar cuando dice sus primeras palabras"*. Luego me reconforta pensar que lo hago para darle lo que yo no tuve. Como parte de mis funciones me corresponde atender a una niña de cinco años que sufre de esclerosis múltiple, una enfermedad autoinmunitaria que afecta al cerebro y a la médula espinal. Como ella no puede caminar a causa de sus dolores corporales, salgo muy temprano a llevarla al colegio en su cochecito. Esto, por lo general, es fácil pero cuando no se hace lo que ella quiere, brotan sus crisis y me da golpes, patadas, mordiscos y rasguños, vociferando cosas como: *"eres mala, quiero que te vayas"*. No contenta con ello también me lanza objetos. En esos momentos mi único refugio es subir a mi habitación a llorar ya que no tengo con quien desahogarme. Su dolor se convierte en enojo, mi enojo en culpa; ambas con motivos diferentes, pero humilladas bajo el mismo peso emocional. Para ella, un castigo; para mí, también, más porque no tengo a mi hijo y ya sabes cómo me siento...

Cuando la tormenta pasa me pide perdón, yo se lo otorgo de boca, pero, en realidad, me quedo con eso guardado en el alma. A esto se le suma el sentirme como el fantasma del grupo, ya que, al comunicarse todos en francés, no entiendo nada y no participo de las conversaciones. La señora de la casa que habla un español limitado alcanza a traducir algunas cosas buscando integrarme a la conversación, tal esfuerzo se hace insostenible en la cotidianidad e imposible cuando ella no está. Siendo justa con ellos puedo decir que son empáticos y tratan de apoyarme. *"Sabemos que para ti es un reto"*, reconocen pacientemente y eso me motiva a estudiar mucho con el fin de alcanzarles en tertulias futuras. Escucho muchos audios, voy a la escuela de francés tres veces por semana de 6:00 a 8:00 p.m., leo y practico tanto como puedo y, por eso, empiezo a sentir que cada día logro familiarizarme más con el idioma. *"El tiempo del inmigrante no es para quedarse sentado en casa, es para dar la milla extra"*, ¿cierto? Esta frase me ayuda a mantener vivo mi objetivo aquí: *"Salir adelante, proveer para mi hijo y mi familia, conseguir una casa y holgura económica".*

"Me emocioné y no investigué mis derechos". La importancia de ver la migración como un proyecto de vida y no como una decisión tomada a la ligera

Al fin llega el verano con un clima más piadoso que invita a salir de paseo. Por ello, nos ves ahora aquí, a la familia y a mí, pasando el rato en la terraza de este hotel. De pronto, otro grupo familiar llega y se posa cerca de nosotros; los ojos azules del hombre me escrutan curiosamente haciéndome sentir un poco incómoda sobre todo porque mis acompañantes me han dejado sola.

"¿De qué origen eres?", inquiere. *"Soy dominicana"*, respondo. *"Yo he sido embajador en tu isla, de hecho, mis hijos nacieron en tu país. ¿cómo llegaste a Francia? ¿estás estudiando en la Alianza Francesa? ¿cuánto te están pagando por tus servicios?".* Luego de responderle sobre las condiciones bajo las cuales se había desarrollado mi viaje, me dijo: *"¡Ten cuidado, están abusando de ti! Te recomiendo ir a ver a esta abogada".* Pero ¿qué podía hacerse?, estaba ligada por un contrato firmado; al menos esto me ayudó a ver la realidad con más transparencia. En vez de recibir 250 euros, según la ley debía devengar 600 euros; además, las mañanas tenían que estar libres para mis estudios y el resto del día, sí, quedar al servicio de la familia de acogida. Por otro lado, la escuela a la cual he estado asistiendo no está avalada por el Estado, por lo tanto, no recibiré el diploma al final del curso que me permitirá la renovación de mis documentos. ¿Qué es todo este desastre?, ¿qué me están haciendo?, ¿por qué? y, ¿mi meta...? Entro en reflexión y reconozco: *"Cuando estás en tu país y te hacen una proposición, te emocionas y no investigas tus derechos. Yo ni siquiera me fijé, simplemente calculé el monto en pesos y cómo estaba sentada en mi casa sin dinero, ni lo pensé".*

Nunca imaginé que sería tan difícil obtener los documentos, apenas es ahora cuando estoy conociendo mis derechos y entiendo que, para acceder a ellos, tengo que cumplir ciertos requisitos y obligaciones que no tenía en cuenta. Debo hablar con ellos, así que, de forma cautelosa, trato el asunto haciéndoles ver que ahora estoy informada de mis derechos.

Seis días después, bajando las escaleras, me esperaba una sorpresa. *"Son fechas de vuelo, es para que escojas en cuál quieres irte"*, señalan al suelo donde se encuentra la hoja. La aprehensión en ellos es más que evidente, saben que una eventual denuncia de explotación puede resultarles catastrófico. Tomo el papel y lo pongo sobre la mesa, porque más allá de lo dicho, el "cómo" lo dicen, me hace entender que buscan intimidarme. *"Yo no me voy, de aquí yo no salgo peor de lo que vine"*, respondo con autoridad. Además, sabiendo que ella necesitaba mucho de mí para el cuidado de la niña, tendría que convenir en darme los documentos exigidos; eso, y el que me aceptaran en otra escuela para obtener un diploma avalado estaba siendo de gran dificultad, más aún, porque para la respuesta final he de esperar al menos tres meses.

Ante mí, incrédula de que vaya a obtener la carta, la señora me presenta la propuesta de comprarme un vuelo para ver a mi hijo. Acepto, pero con el objetivo fijo en mi cabeza: quedarme a vivir en Francia. Los días de regresar a mi país se acercan y la emoción de volver a ver a mi familia crece vertiginosamente.

Es prudente que dé una vuelta por las oficinas administrativas para ver si la carta está lista, y para mi sorpresa, mi residencia está aprobada. *"Es una broma, ¿verdad? No te han renovado los documentos"*, me pregunta la familia al darles la noticia. Un silencio sepulcral invade el auto durante todo el trayecto de regreso a casa tras confirmarles la nueva. Sus planes malsanos no estaban dando resultados, había ganado la batalla, pero ¿la guerra?

Voy a mi país con mi residencia renovada y con todo bajo "control" para regresar a Francia después de mis vacaciones. Me quito el abrigo y respiro libertad. *"Llegué, por fin"*, me digo victoriosamente. Mi hijo viene a mí y me abraza, a ambos nos espera un mes sin separarnos.

Ningún *resort* me atrae para ir a visitar, como es costumbre entre los viajeros; en cambio, prefiero disfrutar de esta pausa de ensueño en casa, con los míos. De repente, decido cerciorarme sobre mi fecha de regreso a Francia y, ¿cuál es mi sorpresa? El pasaje es solo de ida, ¿cómo pude haber pasado de largo este detalle? *"Dame tiempo"*, me responde la señora cuando la llamo para que me envíe un billete de vuelta. Días después solo recibo un *mail* preguntándome por unas perlas que según ella habían desaparecido. *"Busque bien sus perlas, porque si algo mis padres me han enseñado, es a no ponerle la mano a lo que no es mío"*, contesto. Mis alarmas se disparan y eso me lleva a quedarme con los *mails* como prueba. Poco después me compró el pasaje.

De regreso a Francia, la familia me anuncia su decisión de mudarse a otra región, y de la puesta en venta de su apartamento. Durante el mes que cohabitamos vuelvo al centro donde tomaba clases de francés y les participo que estoy en busca de empleo y de un lugar donde vivir. Mi situación se vuelve precaria, con una pizza desayuno, almuerzo y cena.

Sin dudas, este es uno de los momentos de mayor incertidumbre en mi proceso migratorio, pero me mantengo impávida.

Reconozco la importancia y necesidad de establecer relaciones, es por ello que inicio amistad con una chica de Algeria, cuya presencia me es de gran apoyo. La vida también me trae a un chico y con él los asuntos románticos reviven. Mi vientre regurgita, la ingesta constante de solo pizzas no me está haciendo bien; pero ¿qué más puedo encontrar si tengo que estirar los 20 o 30 euros que gano en pequeños trabajos? ¡Al fin, encuentro un empleo más sustancial! Cuido a dos niños, uno de siete y otra de tres, por referencia de una compañera de las clases de francés. No, no me rendiré, ni me daré por vencida, tampoco es una opción mirar atrás para decir me voy.

En este punto puedo constatar cómo la determinación y la fe pagan. Esta segunda familia con la que trabajo son mis salvadores, no solo me están empleando, sino que me han rentado una habitación. Al niño al que cuido le doy todo mi amor, por supuesto, no aquel que tengo reservado para mi hijo, pero sí mucho y de manera espontánea. Me empeño en cocinar a la francesa, quiero que mis preparaciones les gusten. Aquí, sin sospecharlo, y con la mejor de las esperanzas, siento que un mejor futuro me espera.

Seis años pasé a su servicio y, sí, la vida ha sido muy benevolente conmigo. Hoy, después de todo este episodio, sigo aprendiendo mucho. No dejo de mirar hacia delante, reconozco mi progreso integral, y su costo: no regresar a mi país de brazos caídos, aun cuando la situación me empuje a ello. Mantengo mi faro de luz, en este caso los proyectos con mi hijo, bien firme, para esos momentos en que la tormenta levanta olas monstruosas. Mejoro mi francés, estudiando los sábados o, bien, yendo a la biblioteca a escuchar los audios. Me mantengo abierta a la integración, pongo todo de mi parte para progresar. Mi salario ha subido porque también me he formado para cuidar niños con todo lo que exige el país: actividades, evaluación, etc.

Aunque me gustaría pasar mi vejez en República Dominicana, Francia es mi segundo país. Cuando voy de vacaciones, a los dos meses quiero regresar, sí, a casa. El francés lo llevaré a mi tierra como herramienta de trabajo, si se me ofrece hacerlo allá. Viviré entonces en la casa que construí, la cual me tomó cuatro años terminar. No paré de trabajar durante esos años, pero lo logré, cumplí mi meta. A veces sentía que no estaba avanzando, pero cuando veía bien, me daba cuenta de lo lejos que había llegado, y le ponía más chispa a mi camino, así he subido un escalón tras otro.

"Yo busco el avance, es para arriba que voy, no miro hacia atrás".

Ahora pienso más en mí, tengo una hermosa familia, más numerosa gracias a la llegada de mi hija. Viven mis dos retoños conmigo, con todas las comodidades que un inmigrante podría desear. Mi hijo ahora es todo un joven de 16 años y qué orgullosa me siento de él. De ambos y, ¿por qué no? De mí misma. Trece años han pasado, la historia ahora es distinta. Todo cambia, todo pasa, todo evoluciona y la vida no deja de sorprenderme. *"Qué vergüenza, fui una peste contigo. Perdóname..."*, me dice aquella niña que cuidé, convertida ya en una mujer.

"Hay que confiar siempre, porque la vida termina por colocar todo en su lugar".

Testimonio de Sheila Rivas

"Yo nunca he sido closetera"

La migración está asociada a necesidades fundamentales de identidad, pertenencia y sentido de la vida

"Aquí nadie me va a juzgar, ni me va a hacer sentir mal, quiero quedarme a vivir en España"

S i llegas a mi casa y eres recibido en el salón, no podrás pasar desapercibidos los reconocimientos, las medallas y las fotografías que adornan las paredes. Son las obras de arte, orgullo de la familia. Cada vez que tengo que asumir esto frente a alguien, no me queda más que aligerar el pudor producido con una broma: *"¡Mi madre me tiene un museo!"*. Pero la verdad es que todos esos méritos están allí, porque nunca he querido parar de repetirle a ella lo mucho que agradezco la educación que me dio. Si, desde mi más tierna infancia busco compensar con buenas calificaciones todos los sacrificios que hizo para que yo estudiara en una escuela privada. Es que, *"¡la educación también es un acto de amor y mi madre siempre lo ha tenido muy claro!"*, entonces, *"si me paga el colegio con tanto esfuerzo, yo tengo que intentar ser la mejor"*, decía.

Nací en Gaspar Hernández, y crecí en Villa Mella, una localidad de Santo Domingo Norte en República Dominicana. Mi madre además de ser ama de casa, se las ingeniaba para vender helados y hacer ropa por encargo, todo para poder costear una buena educación para mi hermana y para mí. Ella siempre ha sido un pilar fundamental en mi vida y, como ya lo dije, mi principal fan. A mi padre, lo recuerdo como un hombre muy responsable que trabajaba para que nada nos faltara. Él era militar y también se dedicaba a transportar turistas de un lado a otro del país. Casi nunca estaba en casa; la mayoría de las veces llegaba cuando yo me encontraba dormida. Sin embargo, cuando lográbamos pasar momentos juntos, me consentía bastante. Una de las cosas que más me gustaba hacer con él, era sentarme en el asiento del conductor de su vehículo para jugar con su radio transmisor; pasaba horas repitiendo delante de la bocina, como disco rayado: *"2020", "2020"*.

Siempre fui una niña alegre, dinámica y muy extrovertida. Es imposible olvidar aquellas noches en las que se suspendía el servicio de energía eléctrica —algo que sucede seguido en mi país—, *"yo agarraba una cubeta, la ponía boca abajo, y esa era mi tambora"*. El coro que me acompañaba estaba compuesto por mis primas que habían venido a estudiar en la universidad, mientras yo dirigía *"La hora del desahogo"*. *"¿Qué queremos?"*, y ellas respondían, *"queremos que llegue la luz"*, *"queremos tener empleos"*, *"queremos esto y lo otro"*. Nos quejábamos así del gobierno de turno. Era increíble ver cómo al apagarse la luz, se encendía mi creatividad. Lo más importante de todo es que compartía estos momentos con mi madre, mi padre y mis hermanos. Es gracias a esto que hoy como profesional en el área de Producción, puedo decir que mis primeros pasos en este sector los di al crear un segmento de TV cuando apenas tenía seis o siete años.

Lamentablemente, la dicha no fue mi única escuela. Tiempo después, a mis 14 años, la vida nos dejó pérdidas en un entramado laberinto. Un terrible cáncer de garganta cobró la vida de mi padre y a partir de allí, mi madre, ahora viuda, se enfrentaba al desafío de mantener un hogar con sus dos hijas, una nieta y mis tres primas. De repente no teníamos nada, solo contábamos con un techo; aún la pensión que nos correspondía recibir por el servicio militar que había desempeñado mi progenitor, nunca llegó. Solas, nos tocó salir adelante, lo sentíamos en el corazón y en el estómago vacío, a causa de las precariedades que comenzábamos a enfrentar. Éramos tanto o más pobres que la clase media baja y eso que mamá realmente se esforzaba por cubrir las necesidades básicas. Sin embargo, para ella siempre fue innegociable que tuviésemos una buena educación, ¿ahora entiendes porque quise premiarla tanto? *"Hay que buscarse la vida"*, fue la frase que ella siempre repitió, la misma que no sólo escucharía años más tarde, en mi diario vivir como inmigrante en España; sino también mucho antes, cuando tuve que tomar acciones respecto a nuestra situación...

"Te hago una semana de prueba, sin recibir ningún pago". La superación en cualquier situación necesita de iniciativa y de creer en ti mismo.

A finales de los años 90 y principios de los 2000 (época en la que murió mi padre), existían en los barrios los famosos "centros de internet" donde la gente solía ir para utilizar las computadoras e imprimir los trabajos escolares y/o universitarios; digo que existían porque ahora la mayoría de las personas, sino todas. tienen un ordenador conectado a la web en casa, o bien acceden a la red mundial gracias a un teléfono móvil. Un día le dije al dueño de uno de esos centros: *"tú necesitas una chica aquí que haga trabajos a máquina y yo te los puedo hacer"*. *"¡Es que eres muy joven!"*, me dijo al saber que tenía 14 años. *"Te hago una semana de prueba, sin recibir ningún pago"*, le propuse y así empecé a trabajar.

Tres años más tarde, terminaba mis estudios secundarios cuando mi madre me dijo: *"La universidad te corresponde a ti pagarla"*. Para esa fecha había cumplido 17 años y tenía un curso técnico en Administración Turística y Hotelera, así que me trasladé a Río San Juan, al norte del país, para trabajar y reunir el dinero de la inscripción. En el hotel Bahía Príncipe me desempeñé como recepcionista, haciendo uso de mis precarios conocimientos de inglés, francés y alemán. Tres meses después, regresé con dinero en mano para comenzar mis estudios en Comunicación Social en la Universidad Tecnológica de Santiago, (UTESA).

Para mi sorpresa, tan pronto como llegué, una nueva oportunidad laboral me aguardaba. Mi madre había conseguido que fuese evaluada para trabajar en el 9° Censo de Población y Vivienda de mi país. En los resultados de dicha prueba, terminé siendo la más destacada. Sin embargo, mi corta edad fue motivo de conversación: *"Tienes 18, ¿cómo podrías tú dirigir personas que te triplican la edad? No dudo de tu potencial, pero eres tan joven que no te van a hacer caso"*, me dijeron. Supongo que mis argumentos fueron convincentes porque finalmente, me otorgaron el cargo como supervisora de censadores y logré liderar con éxito el equipo; además ahorré el dinero equivalente al pago de algunos trimestres de la universidad. Pero no fue hasta que entré formalmente a estudiar cuando algo puso mi mundo "patas arriba".

La capacidad del amor para disolver diferencias

En esa época, seguía un camino más llano y estructurado. Tenía empleo, estudios que cursar, novio y hasta planes de casarme con él. De pronto, una parte de mi totalmente desconocida se reveló: *"¡Me gusta!"*, reconocí interiormente cuando conocí a una chica. ¿Es que era yo consciente de esta inclinación? No, nunca. Lo más cercano que había experimentado era pura admiración por mis amigas, aunque ahora de adulta, asumo que las quería más de lo normal. ¿Pero qué podía hacer entonces?, ¿negarme a vivir algo que gritaba más fuerte que la razón? ¡No!, decidí dar un paso hacia ella y fui correspondida.

Redescubrirme de esta manera fue tan poderosamente embriagador, que no pensé en la dificultad que representaba el que dos mujeres formaran una pareja. Por ejemplo, no podíamos salir a la calle agarradas de la mano y mucho menos darnos un beso en público, porque podían llamar a la policía. Sin embargo, pese a la clandestinidad con la que tuvimos que vivir la relación, *"yo nunca fui closetera"*; es por ello que, rápidamente llevé todo al siguiente nivel.

Mi compañera y yo habíamos salido durante algunos días. Después de una de nuestras citas en el cine, la invité a casa y la presenté a mi madre, diciendo: *"Esta es mi novia, a mí no me gustan los chicos, me gustan las chicas y quiero que lo sepas"*. Mi progenitora quedó estupefacta como si le echaran un balde de agua fría, ante semejante revelación. Yo siempre había sido la niña buena, la que hacía todo correcto; nunca fui rebelde, al contrario, era muy obediente. Y no es que ahora estuviera haciendo algo incorrecto, pero, en primer lugar, estaba priorizando mis sentimientos, mi vida, en vez de continuar satisfaciendo las expectativas que pesaban sobre mí en este aspecto; y, en segundo lugar, pues, siendo mi madre una devota católica, la noticia chocaba brutalmente con su fe. ¿Reacción? No quería y no creía poder aceptarlo. A pesar de ello, dijo *"Yo siempre te voy a amar independientemente de lo que elijas"*, *"yo te respeto porque eres mi hija, te amo y agradezco que hayas tenido la confianza de decírmelo"*, fue todo lo que respondió dejando en mi un recuerdo imborrable en mi memoria. *"Sin embargo, no voy a aceptar que hoy me traigas una chica y mañana me traigas un chico. O sea, es una cosa, o es la otra"*, me advirtió. Mamá mostró esa noche su gran capacidad para desempeñar su rol con amor incondicional, no solo por su actitud sino por buscar posteriormente la manera de apoyarme y comprenderme mejor. Se fue a hablar con un conocido que era gay, y le dijo: *"¿Puedes aconsejar a mi hija? Es que me ha confesado su preferencia sexual y yo no sé qué hacer"*. Cualquiera que hayan sido sus recomendaciones, la relación entre nosotros no hizo más que ir de bien a mejor. Por ende, la vida continuó tomando la forma que compartiré en seguida.

"He llegado hasta donde no pensé llegar, sin embargo..."

Mientras tanto, recién había iniciado un trabajo como dependiente en una tienda de platos de alta gama para restaurantes, hoteles, etc. Aunque el salario estaba bien, sentía que no era el lugar en donde quería estar. *"Casi te gradúas de licenciada y te vas a quedar aquí vendiendo platos"*, me decían mis compañeras en tono de burla.

Traté de ignorar los comentarios, pero no pude dejar de sentirme humillada. No tenía ni idea de cómo las cosas podían cambiar para mí, hasta el momento en el que recibí una llamada que daría un giro inesperado a mi vida. *"Saludos Sheila, tienes que pasar por rectoría"*, me dice la secretaria de la universidad.

Sin la menor idea de lo que estaba sucediendo, acudo al llamado. Fue todo lo que respondió: *"Es que tú has sido elegida como la estudiante con mayor índice académico de la universidad, tienes que dar un discurso"*, me anuncian. Para ser sincera, no sé cómo logré graduarme con la mayor puntuación de toda la universidad, mi tiempo hábilmente repartido entre trabajo y estudios me permitía cumplir y esforzarme por hacer las cosas lo mejor posible, pero nunca sospeché que eso me llevaría a tal resultado. A partir de allí, ¡todo fue muy rápido!, sentí como si una gigantesca ola de buena suerte me envolviera, y entre las cosas tan emocionantes que trajo, disfruté nuevamente de ver a mi madre súper orgullosa de lo que había logrado. Preparé el discurso de graduación, fui condecorada al mérito académico, la universidad me regaló el anillo; y como si no fueran ya suficientes los favores del cielo, recibí de parte de ellos, una oferta laboral.

Así que allí me encontraba yo, recién graduada de Comunicación Social, contratada por la universidad como encargada general de docencias, en una oficina, con 24 años y sin "puta idea" de lo que debía hacer. Recuerdo decirle a mi madre: *"he llegado hasta donde no pensé llegar, sin embargo, todavía no estoy trabajando en mi área"*. Luego decidí contactar con la encargada de audiovisuales de la universidad y expresarle mi interés de trabajar en Radio Televisión Educativa, canal oficial de la universidad; fue entonces cuando logré un doble contrato. En la mañana desempeñaba mis labores en la casa de estudios y en la tarde trabajaba en el canal.

Por fin, había empezado a cumplir mi sueño y principal pasión: ser productora de televisión. Gracias a esta acogida, creé el programa "Tú puedes, la decisión es tuya", emisión que tenía el propósito de impulsar a jóvenes emprendedores en sus proyectos. Esta iniciativa subsistió por poco tiempo debido a la falta de patrocinadores. Por consiguiente, pasé a la producción del programa pionero de la empresa y me sentía en mi mejor momento profesional. Incluso, había sido elegida para participar en una actividad de la Organización de las Naciones Unidas (ONU) y, aunque no me fue posible asistir porque no contaba con los recursos económicos suficientes, fue halagador recibir tal invitación.

No obstante, este estado sería alterado por una nueva llamada a la aventura...

"Es que me iba, pero regresaba"

"¿Qué tal si aplicamos para una beca del Ministerio Superior de Ciencia y Tecnología, (Mescyt)?", vino la idea. *"Pero si yo estoy bien, me siento estable..."*, confesé. ¡Y era cierto! Tenía todo lo que había deseado: dos trabajos bien remunerados, mi primera oportunidad en los medios y una pareja sentimental; pero ahora podía realizar también una maestría en Cinematografía y Ciencia Ficción, entonces ¿por qué no intentarlo? Así que decidí lanzar el anzuelo y para mi sorpresa, pesqué. Solo que esto se desarrollaría en España y no en República Dominicana, por lo cual debía emigrar. El programa incluía alojamiento, dieta y pago universitario; además, con los ahorros que había reunido, un "colchón" financiero me servía de apoyo, ¿qué más se podía pedir? Me dejé de cavilaciones y comencé los preparativos para el viaje.

Por mi parte, veía el viaje como una excursión. De hecho, nunca renuncié al trabajo, más bien, solicité una excedencia por nueve meses, fecha en la que terminaría el máster. De parte de mi madre, se trataba de algo más serio y eso lo entendí cuando la vi llorando por mi partida. No sé si fui inmadura o ingenua en ese momento; me estaba yendo del país, dejando a los míos llorando mi partida, menos yo, inmutable, sin ningún ápice de nostalgia. *"Es que me iba, pero regresaba"*, creía.

Me dirigí al aeropuerto en compañía de mi madre, mi padrino y mi pareja. Él tenía una camioneta abierta atrás en la que metió las dos maletas de 23 kilos que llevaba. Un aguacero bestial encapotó el cielo e hizo descender abundantes chorros de agua sobre ellas, asunto que no percibimos hasta llegar al aeropuerto. No tuve otra opción que viajar así. Cuando llegué a Madrid, Barajas, mi equipaje seguía totalmente mojado. *"¡Dios mío pero que bajen el aire acondicionado!"*, exclamé ante el frío que erizaba mi piel. Allí, alguien me indicó que ya estábamos fuera del aeropuerto, es decir, al aire libre, lo que sentía era el clima dándome la bienvenida. Al llegar a la residencia solo pude salvar algunas prendas de vestir. Una española me indicó que podía lavar en las máquinas de la residencia universitaria. El resto del día se disolvió rápidamente en mi instalación.

Transcurrían los días en la residencia estudiantil con trámites administrativos y un proceso de adaptación a iniciar, decidí por el momento guardar para mí, mi preferencia sexual. Quizás también porque ignoraba que estaba en España —uno de los países europeos que más respeta al colectivo LGTB+— y, por ende, temía ser juzgada. Por otro lado, hubo cambios en la aprobación de mi máster en Cinematografía y Ciencia Ficción, terminé estudiando Periodismo Digital, situación que me tenía un tanto decepcionada. Sin embargo, asumí el compromiso y puse toda mi energía en esta nueva experiencia

Un día cualquiera de esparcimiento, por coincidencia visito el pintoresco barrio de Chueca, en Madrid. Me sorprendí al ver un sin fin de parejas homosexuales andando libremente por las calles y siendo percibidas con toda normalidad y respeto, esto me hizo pensar: *"Aquí nadie me va a juzgar, ni me va a hacer sentir mal, quiero quedarme a vivir en España"*. ¡Todo fue tan rápido! En diciembre ya estaba resuelta a convertirme en inmigrante definitivamente, así que retorné a mi país para renunciar al contrato de trabajo que había dejado abierto, y a despedirme, ahora sí, de mi familia.

"Uno debe reinventarse a sí mismo todos los días y no sentarse a ver cómo el mundo pasa, sin que uno participe" (Ray BradBury).

En principio, me iba a quedar en Madrid, pero mi hermana me puso en contacto con una prima, la cual me propuso: "Ven de vacaciones aquí, miras, y si te gusta te quedas". Fue así como vine al País Vasco, me gustó, me quedé y más tarde me consiguieron trabajo. A pesar de mi título en Comunicación Social y de mi experiencia en la producción audiovisual, sabía que de momento las cámaras no me iban a dar dinero. Por lo que, incursioné en el cuidado de personas mayores, haciendo una certificación en auxiliar de enfermería; allí, como auxiliar de ruta, me encargué de llevar a los abuelos de la residencia a la casa y viceversa.

Manejaba una grúa, subía y anclaba las sillas, ponía los cintos, etc. Luego, empecé a trabajar para la Cruz Roja donde conocí a María, una anciana que sufría de ictus y con la que, al pasar el tiempo, nos volvimos como de la misma familia… aunque la vida no tardaría en separarnos. Ella fue la primera persona que cuidé y la primera que vi dejar el plano físico delante de mis ojos. Es cierto que *"la enfermería nunca ha sido mi pasión, pero siento mucha satisfacción al saber que puedo ayudar a alguien en momentos de emergencia"*.

Con el tiempo, terminé conociendo a Juan y a su hija Raquel, que son ahora como mi familia aquí. Para su cumpleaños y otras actividades me tienen pendiente; todos los días por la mañana, Juan me da los buenos días por WhatsApp. Tengo una habitación en su casa y ropa. Me han acogido de tal manera que solo puedo agradecerles. *"Es mi hija adoptada"*, declara Juan haciéndome sentir muy afortunada.

"Todo lo que hagas, hazlo con amor". Una de las llaves del éxito en tu proceso migratorio.

Los días y semanas pasaron vertiginosos y llegó la Navidad. Estaba viviendo una de mis etapas más anheladas, la que muchos inmigrantes buscamos incansablemente: la de ser independientes y valerse por sí mismos. Una noche festiva, mi pareja estaba trabajando lejos de casa, por lo que hube de pasar ese 25 de diciembre con la única compañía que no me abandonaba, mi sombra. En mi cultura esta fecha es para compartir en familia, al ser diferente aquí, la misma se convierte en razón de depresión para muchos expatriados. Entonces, examiné mis opciones: acostarme y dejar que la nostalgia me ganara, amargarme la noche por no estar con mi madre; la persona que más extrañaba, o buscar la manera de generarme una experiencia bonita. Bajé al parque, la temperatura estaba en -2 grados Celsius. De repente, alcancé a ver a un mendigo de origen español, estaba sucio y maloliente. Lo primero que me pasó por la mente fue: *"Voy a compartir mi cena de Navidad con él"*, así que le pregunté: *"¿Te gustaría cenar conmigo?"*. Me respondió que sí, y que le apetecía comer pollo, así que nos fuimos a KFC. Al volver a casa estaba llena de satisfacción por el increíble momento que había pasado con aquel desconocido.

Sin dudas, la migración me ha regalado momentos de felicidad y grandes conquistas, como: la posibilidad de ser libre, de ser más madura y saber decir: "no quiero", "no me gusta" y "me da igual lo que pienses". Poder saborear la estabilidad emocional y económica, es reconfortante, pero, reconocerse lejos de tu madre cuando estas pasando por momentos difíciles y llegar a una casa de personas desconocidas que te acojan como parte de ellos, no tiene comparación. La decisión de emigrar ha sido un proceso que me ha dejado innumerables lecciones de vida. Por esto, me encantaría dejarte con parte de estos aprendizajes:

> 1ero. La felicidad es una decisión: *"Lo que va a apoyarte y a sobreponerte en todos los problemas que vengan hacia ti, es ser feliz"*. Escoger ser feliz pese a las circunstancias. Ser feliz no es tener una vida perfecta, ser feliz es reconocer que la vida vale la pena pese a las dificultades. Para esto, no necesitas un millón de euros, ni a nadie a tu lado porque la felicidad está en ti y se trata

de ti. Cuando eres feliz te conviertes en un imán para atraer todo lo bueno a tu vida.

2do. *"Todo lo que hagas, hazlo con amor"*, no importa si la labor que te ha tocado desempeñar no es parte de las actividades que te apasionan, al final estás ahí porque tienes algo que aprender. Siempre reflexiono y me recuerdo: *"Sheila, todo lo que vas a dar, tiene que ser con amor porque viene de ti"*.

3ero. Agradece. La gratitud multiplica y a la vez abre todas las puertas, y para nada debes guardar rencor, ¿para qué?, ¿de qué te servirá?

4to. Antes de salir de tu país, haz un plan de ahorro y ven con tu dinero. Cuando estés en el país de acogida y tan pronto empieces a trabajar, acostúmbrate a reservar un porcentaje para imprevistos, disfrute, inversiones, y para otras gestiones propias de la migración. Yo diría que debes tener los ahorros como para cubrir tus gastos de al menos seis meses, pues esto te permitirá cambiarte de vivienda, en caso de requerir moverte por asuntos de trabajo o por cualquier imprevisto. Ordenar tus finanzas, imprescindible para avanzar en tu proyecto migratorio. Recomiendo ser cuidadosos con el manejo de las finanzas, disfrutar es importante, pero debe hacerse a conciencia. Si eres inmigrante y tienes tiempo libre, trabaja hasta haber ahorrado lo suficiente para resolver cualquier imprevisto. Y cuando lo hayas logrado entonces disfruta sin preocupaciones y prémiate por tus esfuerzos.

5to. Haz de la paciencia tu escudo y ocúpate en poner en orden tu situación migratoria. Infórmate y fórmate, porque obtener tu tarjeta de residencia o la nacionalidad, representará un gran avance en tu proyecto.

Capítulo 2

La experiencia previa como herramienta para moldear tu proceso migratorio

¿Qué es lo que nos permite realizar tantas proezas y sobrevivir a ellas? Seguramente Charles Darwin, autor de la teoría del origen de las especies, en 1859, diría que no son los más fuertes los que sobreviven, ni de mayor inteligencia, sino los más flexibles y adaptables a los cambios. Y si esta relación no depende de tu resistencia física ni de tus conocimientos, ¿con qué será entonces? ¡Ah! ¡Adaptación! O sea, la aptitud para acomodar o ajustar una cosa.

Etimológicamente, la palabra adaptación es de origen latín, *"adaptare"* que significa *"ajustar una cosa u otra"*; está compuesta por verbo *"ad"*, que expresa *"hacia"* y el verbo *"aptare"* que figura como *"ajustar o aplicar"*. Si nos quedamos con lo estricto, podríamos decir también *"hacia el ajuste"*, es decir, la acción de ir y disponer nuestra naturaleza al nivel de otra cosa, en nuestro caso, a otro espacio y realidad. Siendo allí, en ese momento, en el que entra en juego esa característica humana que nos permite gestionar nuestros pensamientos, emociones y comportamientos para ajustarlos a las demandas de ese entorno, o de lo contrario, como lo hacen las aves, alzar vuelo e irnos a un lugar en donde encontremos condiciones más idóneas.

Sin dudas, que en el ambiente migratorio la capacidad de adaptación es un valor fundamental para lograr un proyecto de expatriación exitoso, así lo ilustra la historia de Sheila Rivas, a quien conocí mientras ambas realizábamos un Máster en Periodismo Digital, en la Universidad de Nebrija. Ella es un genio del área audiovisual, sin embargo, al decidir permanecer en territorio español, muy pronto entendió que en el proceso migratorio hay que aprender a girar el barco tan pronto como sea posible. Su historia nos revela su secreto mejor guardado y la razón por la que decidió dejar su país de origen.

Otro testimonio que nos confirma la valentía y determinación de los migrantes es el relato de Adayris Quezada, mi vecina dominicana, quien decide quemar sus puentes y convertir sus decisiones en "resoluciones irreversibles". Tal como hizo el gran Alejandro de Macedonia hace ya más de 2000 años, quien, al llegar a las costas Fenicias en una expedición, en el año 335 A.C, y percatarse de que sus enemigos lo triplicaban en número y que su tropa se sentía derrotada aun antes de llegar al campo de batalla, mandó a quemar sus propias naves. Mientras los barcos ardían, el líder macedonio convocó a todos sus soldados y les dijo.

> *«Observad cómo se queman los barcos... Esa es la única razón por la que debemos vencer, ya que, si no ganamos, no podremos volver a nuestros hogares y ninguno de nosotros podrá reunirse con su familia nuevamente, ni podrá abandonar esta tierra que hoy despreciamos. Debemos salir victoriosos en esta batalla, ya que solo hay un camino de vuelta y es por el mar, cuando regresemos a casa lo haremos de la única forma posible, en los barcos de nuestros enemigos».*

Alejandro Magno y su ejército ganaron aquella batalla y retornaron a su tierra en las naves conquistadas.

En lo que atañe a nosotros, los migrantes, quemar los barcos, podría representar la entrega total y la fe depositada en el logro de nuestros objetivos, lejos del desánimo y la pereza. Adayris Quezada, es un ejemplo de regresar a su patria en las naves conquistadas, luego de defender sus derechos de permanecer en suelo francés. Cuán evidente se me hace su experiencia, revelando la importancia de ser y de mantener el enfoque de nuestras metas. Es por ello por lo que esas mismas características me llevan a admirar el ejemplo de migrantes que se adaptan al estilo de vida de la cultura de acogida, no porque busquen mimetizarse, ni porque entren en la "carrera de las ratas" (consumismo salvaje llamado así por Robert Kiyosaki), sino porque previamente han sido tan puntuales, respetuosos y responsables con sus compromisos legales y administrativos, que se integran bien en cualquier país. Estos son los rasgos de personalidad que reconozco en Diana Sophía, una chica que conocí en un evento de modas en Venecia, en el que se encargó magistralmente del área de ventas. Solo un par de horas bastaron para apreciar su sentido de orden y disciplina en su trabajo. Una larga charla dio paso a que ambas habláramos sobre nuestras historias como migrantes, en unos instantes intercambiamos información de contacto y cuando surgió la idea de escribir sobre el tema, supe que definitivamente quería su historia en mi libro.

Capítulo 3

¿Cómo encarnar el coraje en tiempos de expatriación?

Testimonio de Arlin Almonte

"Huérfana de padres vivos"

Mantenerse firmes, flexibles y agradecidos durante el proceso migratorio, son las herramientas para abrirse camino a lo anhelado

"¡ese lugar no era para mí!"

¿Cómo gozar de un sentimiento de pertenencia cuando nunca se nos ha dejado pertenecer?

Separación es una palabra que conozco desde muy pequeña. A la edad de cuatro o cinco años, mis padres rompieron los lazos que los unían, disgregándonos y hasta alejándonos físicamente. Santo Domingo, capital de República Dominicana, no sería más el escenario de mi niñez, lo dejamos todo para instalarnos en San Cristóbal. Mi madre tenía un terreno allí, rodeado de cinco o seis casas más, donde decidió construir la suya. A esa época la llamé "El inicio del caos", simplemente, porque como niña, no solo necesitaba a mi madre cerca, sino también a mis hermanos. Estos últimos, debido al desmembramiento familiar, fueron repartidos así: el mayor quedó con mi madre, el mediano con mi abuela, ¿y yo?, en un internado, el mismo donde mi progenitora había trabajado en su juventud. Pero... no les he contado sobre ella, ¿cómo era? Desde muy joven una incansable trabajadora, una mujer emprendedora que abrió una escuela de conducir y luego, una resuelta luchadora que se lanzó a construir una casa en semejante lugar. Hubiese querido también que fuese la madre que se ocupase de mí, pero, con tantos desafíos que tuvo, no pudo y me dejó allí, abandonada.

Cada día no dejaba de preguntarme sobre lo que estaba pasando, no entendía cómo podían haberme *"soltado allí en medio de un reguero de niños"*. Es cierto que el internado no era malo; tenía cama propia, había buenos cuidados y comía bien. Incluso, llegué a participar en muchos programas de Freddy Beras Goico, en el club de Isha, como extra, interpreté varios roles en obras de teatro, bailaba cada vez que la ocasión lo requería; de hecho, hasta recuerdo que soñaba con ser corporecita (participar en un programa de televisión infantil de mi país), todo eso fue lo que me ayudó a equilibrar un poco. Otras de las ventajas que tenía de vivir en esa institución, era que quedaba a dos calles de la Biblioteca Nacional y eso me permitía estar siempre en el Museo del Hombre. *"No había un día de la semana que no estuviera allí"*. Iba a leer y a integrarme en todo tipo de actividades relacionadas con la literatura, el arte, la creatividad y el diseño, como, por ejemplo, la feria del libro. Mi madre me entendía y apoyaba en ese aspecto, hasta me inscribía en cursos quizás con la intención de compensar de alguna manera su ausencia; pero, aun así, *¡ese lugar no era para mí!* La carencia que les daba a los otros niños razón de estar allí no era la mía y ellos lo sabían; por ende, ellos no me consideraban como una igual, cuando me defendía diciendo que no era huérfana, las maestras me decían: ***"Tú sí eres una huérfana, eres una huérfana de padres vivos"***.

Cuando pienso en esa época, me recuerdo como una niña triste. Me lo habían quitado todo de un día para otro, sin explicación, ni tiempo para protestar. *"Me soltaron ahí, me quitaron mis hermanos con los que jugaba"*, *"mi estado emocional y mental era el de una persona triste"*.

Es cierto que mi madre intentaba pasar entre semana a verme, pero aún hoy no sé si eso era peor o mejor para mí. Sufrí, lloré y viví crisis tremendas cada vez que la veía partir, cuando la hora de dejarme se acercaba… la angustia creciente me invadía. La verdad es que, aunque lo intenté, esto era más fuerte que yo, así que nunca logré adaptarme. Sin embargo, también puedo mencionar pequeños regalos de la vida que recibí, los cuales han significado mucho para mí. Uno de ellos, la presencia de un niño que, cada vez que podía, venía a visitarme: mi hermano.

"Él sabía que yo no estaba bien", notaba la amargura que traía en el alma por no estar con mis padres y el dolor de ver su figura diluirse en el mar de lágrimas que me causaba despedirme de él. Otra bendición fue que mi tía estuvo cerca de mí en esa época. Cuando mi madre no

podía venir, ella sí; incluso, me sacaba a escondidas para llevarme a comer helado.

"...ella consiguió un trabajo en Miami y otra vez me abandonó".

Así alcancé la edad de 12 años. Mis padres retomaron la pareja, pero nada cambió ni volvió a ser como antes. Por el contrario, mi hermano siguió viviendo con mi abuela y yo continué en el internado, por un tiempo más. Ver semejante inamovilidad atizó la llamarada de preguntas que marcaron mi existencia: ¿cómo procesar la previa separación que todavía me mantenía lejos de mi madre y hermanos, y a ellos de mí?, ¿cómo borrar el rencor que sentía hacia mi padre por ser responsable de nuestra separación y de muchas cosas más que no me atrevía a decir?, ¿cómo perdonarle a él que yo pasara los mejores años de mi vida recluida en un orfanato? Y finalmente, ¿cómo justificar el simple hecho de que nadie hiciera nada por mí? Por un lado, la familia se "recomponía"; por el otro, yo seguía allí abandonada.

Pronto llegaron los 13 y los 14 años, ya estaba en octavo grado y con un poco más de independencia, de manera que podía salir del internado, pero ¿a dónde? En ese tiempo la opción era tomar un "carrito" desde Gazcue a Villa Juana, donde mi abuela. Ir me permitió entender porque no me podían tener allí, era poco confortable pues ya estaban hacinados con mi hermano y mi tía. Sin embargo, cada vez que iba, dormíamos cuatro en la única cama. No había plaza; aun así, ellos me hicieron un lugar en su estrechez de vida, por qué sabían que *"yo no podía más"*. Todo el cariño que pudieron darme, no lo escatimaban.

Al cabo del año escolar, regresé a San Cristóbal, a casa de mi madre. Después ella consiguió un trabajo en Miami y otra vez me abandonó. Ahora, con la carga de una casa y de tres hombres en ella, mi padre y mis hermanos; entonces me preguntaba: ¿Cómo podía llevar sola toda esa responsabilidad cuando en el internado solo me enseñaron lo religioso, lo académico y la higiene personal, pero no a acomodar una cama o a freír un huevo? Y aún peor, ¿cómo hacer frente a todo eso con un papá que no hacía más que criticarme y compararme con mi vecina, porque ella se levantaba temprano y pronto tenía la casa limpia y la comida hecha? Afortunadamente, mi hermano mayor me ayudaba. *"Me enseñó a cocinar, por ejemplo, el locrio de picapica, porque ya estaban un poco hartos de los sándwiches que era lo único que sabía hacer. Mis primeras habichuelas eran una catástrofe, yo las salaba demasiado hasta dañarlas o bien, no sabía ni cortar un plátano".* Cuando mi madre llamaba, yo le contaba como mi padre me gritaba y ella, para ayudarme, me enseñó a hacer algunas cosas. Pero mi padre nunca cambió, sino todo lo contrario, insistía en hacerme entender que yo no era lo que él esperaba de una niña de 14 o 15 años.

Me seguía comparando con las "vecinitas", que eran para él mujeres "hechas y derechas". Él me menospreciaba y eso me motivó a pedir asilo donde mi abuela, quien, por su vejez, la cuidaba mi tía. Supongo que parece raro repetir este último detalle, pero es que, para ese entonces, mi tía ya no vivía allí sino que se había comprado una casa en el Ensanche Isabelita. Ella cumplía, no obstante, esa función y me ayudaba a seguir mis estudios tanto como podía.

Entonces… ¿podría decirse que mis primeros ejercicios de migración fueron rodar de un lugar a otro, así como un migrante malquerido hurga entre tierras extrañas para encontrar refugio?

"...me pedía que dejara el empleo prometiendo ocuparse de todo, yo me rehusé". La importancia de la autonomía y de no ceder ese poder.

Cuando cursaba el tercer año, nuevamente mi padre hizo una de las suyas, hipotecó la casa para solicitar un crédito. Estuvimos a punto de perder esa propiedad; eso hizo que mi madre regresara a tomar el "mando" o, al menos, el control de las cosas y que yo retornase a San Cristóbal a vivir con ellos. Afortunadamente, ella logró salvar nuestro techo, pero… ¿qué tan bueno era eso en realidad?

El ambiente era tenso entre mi padre y yo, la ira en su contra crecía imparablemente y eso se traslucía en mí cada vez que quería corregirme algo. Mi reacción era: *"Tú no eres nadie para enseñarme esto, porque tú hiciste esto, esto y lo demás"*. Yo intentaba mostrarle respeto, pero él nunca se lo ganó, así que fue muy difícil mantener vivo ese esfuerzo.

En cambio, por mi madre sí que sentía gratitud, yo la veía *"partirse la espalda"* para darme lo mejor, mientras él no hacía nada más que exigir y criticar. Mi solución fue no estar mucho en la casa para no pasar el tiempo a su lado y con eso las tensiones comenzaron a calmarse un poco, llegando así a mis 18 años.

Toda esta situación además de la económica me motivó a encontrar un trabajo que logré compaginar con la universidad y todo lo relacionado a la creatividad, como la publicidad. Desde la mañana trabajaba hasta las 5:00 o 6:00 p.m. cuando entraba a la universidad; a la casa regresaba entre las 10:00 y las 11:00 p.m. Como mi madre nos ayudaba un poco con los gastos de la universidad a mi hermano (quien también cursaba estudios superiores) y a mí, además de solventar los demás desafíos económicos que tenía, se le hizo necesario regresar a Miami a trabajar; por eso, *"venía cada dos meses, se quedaba dos o tres semanas, como mucho un mes, y luego se iba; esa era la dinámica"*.

A la edad de 23 años conocí al padre de mi primera hija. Nuestra relación empezó muy bien, pues lo sentía atento, proveedor y protector conmigo; sin embargo, su inserción en la familia fue complicada a causa de mi padre. Simplemente, este último, no lo quería, porque decía que no era suficiente para mí, que era demasiado viejo (era 13 años mayor que yo) y que podía buscarme a alguien mejor. ¡Pero no caigamos en su engaño!, a él le interesaba poco o nada mi vida sentimental, esas razones incluso, las esgrimía contra cada chico que le presentaba. De esto hablé muchas veces con mi madre, un acto completamente inútil porque su respuesta era siempre la misma: *"es que yo no estoy allá, no puedo hacer nada, son ustedes los que deben intentar entenderse"*, y era cierto, así que dejé de decírselo. Lo que si no dejé fue la relación con este hombre que se portaba muy bien conmigo, haciéndome sentir querida.

Al poco tiempo y ya casi terminando la universidad, quedé embarazada. Mi pareja y yo nos mudamos al sector Miraflores. Continué estudiando y trabajando, pero él, al prever las dificultades de una maternidad que se aproximaba, me pedía que dejara el empleo prometiendo ocuparse de todo, yo me rehusé. Bien hice porque en vísperas del nacimiento del bebé, recibí una sorpresa: un día, tras regresar del trabajo, él había desparecido completamente.

"...el hecho de estar tan varada me hizo ver que mi única solución era salir adelante, sola". La importancia de encontrar la fuerza interior para salir del abismo.

Ese día entré a mi casa y... ya no estaba, no había nada de él en el sitio. Todo se hallaba en orden, pero faltaban cosas, las de él. Nada me cuadraba, "ese día él habló normal conmigo, como siempre, me preguntó incluso si yo necesitaba que me fueran a buscar al trabajo, y yo le dije que no, que tomaría un taxi y que llegaría lo más temprano posible a casa, porque él había invitado a mi hermana a cenar". Incluso, para esta hermana paterna, según lo acordado con mi marido, yo estaría de regreso a las 5:00 p.m. Llegué, sin embargo, 15 minutos antes que ella para encontrar semejante escenario. "Espera un segundo", le dije, y me dirigí a la habitación; no había siquiera un papel en el armario, había desaparecido sin dejar rastro alguno. "¿Qué te pasa?", me preguntó al ver la expresión en mi rostro, "tengo la impresión de que me han robado, pero todas mis cosas están aquí y son las cosas de él las que no están", "si tú quieres yo entro a la casa y así tú te ocupas de ver qué pasa", me propuso, y yo accedí.

En seguida llamé a su mamá y nadie respondió; no logré encontrar noticia alguna, hasta la noche, cuando al fin su progenitora me respondió: "ve a ver qué vas a hacer con ese embarazo, porque yo no me voy a ocupar de ti o de comprarte leche, ni hacer nada. No me llames más". Atónita ante su respuesta, no me explicaba cómo podía hablarme así, en vez de decirme: "Arlin, mira, está pasando tal cosa, si te falta algo te ayudamos". Buscando razones lógicas que dieran base a la situación, recordé aquella época en la que él vivía en Estados Unidos y trabajaba con drogas, lo cual hizo que lo deportaran a Santo Domingo, "bueno, puede ser que haya hecho un negocio ilícito y está huyendo", pensé.

Pero al instante se interpuso otro pensamiento, "al regresar había encontrado un empleo honrado vendiendo coches, ese negocio le permitió ganar un buen dinero". Considerando su situación tan próspera ahora, descarté mi primera sospecha, y en seguida… vino a mi memoria lo ocurrido antes de salir embarazada:

> Él estaba comprando carros de medio uso para alquilar y revender. En la casa había un dinero, aproximadamente 250 mil dólares en efectivo, él me decía que tuviera cuidado, que no se hablara de eso, por ser algo tan delicado. Solo lo sabíamos, él, su amigo y yo. Un día es secuestrado, le quitan el dinero y le preguntan: *"¿Dónde está Arlin? Si no me das el dinero, voy a matar a Arlin"*. Mis suposiciones me llevaron a asumir que el secuestrador era alguien cercano, que sabía del dinero y de mi relación con él.

Con el pasar de los días, concluí que debía estar bien, porque su abogado me llamó para recuperar unos documentos que él había dejado en donde vivíamos. *"Ah sí, hay un folder con los documentos, yo te lo doy"*, fue mi respuesta. Durante un tiempo, cuando salía del trabajo, me sentía perseguida. Normalmente, giraba a la izquierda de la *José Reyes*, cerca de *Baskin Robins*, justo al frente del centro técnico, tomaba así la calle del Conde y caminaba hacia la universidad, o a la casa. A mi mano derecha, siempre lograba vislumbrar a una persona que, aunque no supiera quien era, me hacía recordar a alguien del círculo de conocidos mi exmarido. Esta sombra siempre iba detrás de mí.

Yo no sabía si se trataba de uno de los que lo habían secuestrado antes o si lo del secuestro fue una mentira para quedarse con los 250 mil dólares, y ahora lo buscaban tras haber descubierto la jugada. Quizás pensaban que yo iría a donde él estaba escondido y por eso me seguían. Al final, no daba con las razones de todo esto por lo que continué tratando de llevar mi vida lo más "normal" posible, refugiándome en la iglesia, en mi trabajo, y en mi embarazo. La verdad es que *"estaba tan mal, que la misma situación fue lo que me ayudó a seguir adelante, el hecho de estar tan varada me hizo ver que mi única solución era salir adelante, sola"*.

Hoy, 17 años después, no puedo explicar lo que pasó, si fue a causa de otra mujer, o si hice algo que lo hiciera salir corriendo. No sé siquiera si él está vivo o muerto; al mismo tiempo, la reacción de su madre, y aquella llamada de su abogado, me hacen suponer que está bien. *"Bueno, él sabe dónde encontrarme, sabe dónde vive mi madre"*, resolví resignada en aquel entonces, mientras me disponía a ir a San Cristóbal a visitar a mi familia.

"...tú tienes tu lugar aquí". Una frase clave que debería ser pronunciada en más ocasiones

A todas estas, mi madre ignoraba todo lo que me había ocurrido. Ella, a diferencia de mi media hermana, quien sí tenía alguna información, pensaba que mi marido había tenido que salir de viaje a Venezuela, dejándome solamente seis meses de alquiler pagos y ninguna otra garantía de seguir ayudándome después. "Tengo que enseñarte algo", me dijo al llegar a su casa, "mira, todo está como tú lo dejaste", señaló cuando entramos a la habitación que yo ocupaba cuando vivía allí, y luego añadió: "aquí están tus libros, aquí están tus cosas. Esto quiere decir que tú tienes tu lugar aquí, si tú quieres volver, solo ven y no te hagas más preguntas". Eso me quitó un peso de encima, naturalmente acepté sin ni siquiera esperar a que se cumplieran los seis meses que habían sido abonados al apartamento.

Mi familia tampoco me hizo pregunta alguna, cuando regresé a vivir con ellos. A partir de allí pude concentrarme en preparar el nacimiento de mi hija y en seguir con mi trabajo y con la universidad, aunque no me faltaban muchas materias por terminar.

Cuando mi hija nació, el tiempo de la discreción se acabó y las interrogantes sobre la verdad de mi situación empezaron a emerger. "¿Cómo vas a sacar todo esto adelante?", me preguntaba mi progenitora, mientras, yo en mi llanto reprimido, no hacía más que apelar al orgullo para no explotar. Sentía que mi familia estaba a la expectativa de una actitud dependiente de mi parte, es decir, como si temieran que me convirtiera en una carga para ellos. Ahora, si bien era cierto que emocionalmente quería apoyarme en alguien, también lo era que en todos los demás aspectos estaba lo bastante organizada como para solucionar por mí misma mis necesidades y las de mi hija, recién nacida. En fin, lo económico no era un problema para mí, me consideraba autosuficiente; mi problema era otro, lo emocional y todo lo que se había acumulado en mi vida hasta el presente.

Yo, a la defensiva de aquella actitud que mostraba mi madre, decidí igual seguir adelante, pero sintiéndome sola. Quizás eran sólo temores y erróneas interpretaciones de parte y parte, que, gracias a una clara comunicación, pudieron dilucidarse: *Mira, mi situación es esta…*", le dije a mi madre; y continué: *tengo a la niña pequeña y la universidad a punto de terminar. A mí no me molesta dejar la universidad y ocuparme de mi hija, porque fue la decisión que yo tomé, pero realmente no me queda mucho. Si me pudieras ayudar en ese intervalo cuidando a la niña, yo podría terminar de estudiar y seguir trabajando".* Ella me apoyó y me procuró mucho alivio, aunque no redujo los sacrificios que esto suponía; me iba de mañana dejando a mi hija dormida y regresaba en la noche encontrándola dormida también. Los fines de semana, para que mi madre pudiera descansar, rechazaba toda invitación de mis amigas y me dedicaba a mi rol materno.

"...una idea comenzó a gestarse: emigrar". Cuando esta puerta se abre, no sabemos todo lo que hay detrás

Otro aliciente con el siempre he contado ha sido la presencia de mi tía en mi vida; no solo en la infancia y en la juventud dejó su toque especial, sino también al nacer mi pequeña. Recuerdo que vino desde Francia con su esposo a conocerla. Al presentársela, él la tomó en brazos y se puso a llorar, entre ellos se produjo una emocionante y espontánea conexión. Desde allí nunca más se separaron, él se convirtió en su mentor, su padrino y, en cierta forma, en la figura paterna que no tuvo.

La niña siguió creciendo y mi emprendimiento también, una capacidad que heredé de mi madre. Abrí un billar al que atendía desde la mañana, después de dejar a mi hija en la escuela, hasta muy tarde en la noche. Trabajaba muchas horas y llevaba sola la carga del local, esperando a ver si alcanzaba un nivel de rendimiento que finalmente no se logró. Sin embargo, esto no me desmotivó del todo, y mantuve mi meta y esfuerzos. En aquella época, también inicié una nueva relación, lamentablemente esta no fue por buen camino.

En 2010, una invitación de mi tía llegó como un soplo de brisa fresca: pasar dos meses de vacaciones en Francia con ellos. Yo gustosa acepté. Lo típico, conocer la Torre Eiffel, ir a Disney, pasear en bote sobre el Sena, incluso hasta ir a Bélgica, me hacía bastante ilusión porque podría mostrarle a mi hija el mundo que mis padres no me dieron a mí.

Al término de esas vacaciones, regresamos a República Dominicana. En los dos años que siguieron la vida retomó su ritmo habitual: un negocio y un segundo trabajo, junto con mis demás responsabilidades. Los esfuerzos, como siempre, seguían estando allí, pero no las recompensas. Entonces, en mi cabeza, una idea comenzó a gestarse: emigrar. Esta no vino sola, por supuesto, mi tía era la principal autora. *"Quiero que te quedes tres meses aquí, que vengas en el período escolar y que veas si la niña se adapta"*, me propuso nuevamente. ¿Qué tenía que perder? Mi relación estaba rota y mi vínculo familiar débil pues, como mi mamá otra vez se había ido a trabajar a Estados Unidos, yo, en su ausencia, alquilaba otro lugar para no convivir con mi padre. En cuanto a mis hermanos, cada uno estaba enfocado en su vida.

Dar "el salto" fue el acto seguido. Aprender un idioma y encontrar trabajo fueron los primeros retos. En ese período, un evento cambiaría el rumbo de las cosas…

"...la inquebrantable fuerza del espíritu humano". Cuando se quiere, SE PUEDE

Conocí a alguien que se interesó en mí, ¿podría decir que sentía lo mismo hacia él? No, las expectativas no eran muchas, ya que este hombre vivía en España y yo, regresaría a República Dominicana en diciembre, según lo planeado. Pese a lo bueno que era conmigo, creo que también me mantuve en control de mis emociones porque mi precedente ruptura pesaba aun en mi corazón. Sin embargo, le di una oportunidad a esta relación, llegué incluso, a ir dos veces a España, pero *"no veía por dónde iba a salir esto"*, a menos que él se mudara a mi país, o yo al de él. Bajo trámites con la Embajada de España, logré tener una extensión de mi visado por noviazgo y volví a la península ibérica.

Mi objetivo principal era lograr mi propia estabilidad para traer a mi hija conmigo, quien estaba en Francia con mi tía. Al principio fue complicado, porque la situación nos obligaba a vivir en la casa de su madre y más difícil aun cuando mi pequeña vino a mi encuentro, pues ella, él y yo, ocupábamos una misma habitación. Con el tiempo, algo le daría más peso a mi meta: volví a quedar embarazada (habiendo tomado anticonceptivos para no llegar a ese estado). Aunado a esta vorágine emocional, estaba mi propio duelo migratorio; extrañaba mi país, a mi familia, a mis amigos, *"extrañaba mis cositas"*, pero no tenía otra opción que la de construir un hogar en España, y esperar el segundo parto. La resignación era el camino en ese momento o bien… podíamos intentar otra salida: Bélgica.

"Mi tía nos ha propuesto una casa allá, solo tenemos que mudarnos, porque está amueblada. Esa casa no es propia, pero ella goza de los derechos que su anterior pareja le ha dejado al morir. Es un lugar seguro para criar niños, allá vas a poder conseguir un trabajo", le dije a mi esposo. A esto él respondió de manera negativa, porque quería que su hija fuera catalana. Tuve que aceptar su argumento, aunque no me convenciera para nada, porque para mí, cuando se forma una familia, hay que dejar de pensar en uno mismo y analizar qué es lo mejor para todos. Su conducta egocéntrica encendió mis alarmas.

De mi parte, mantuve este tema activo con mi tía, la cual me propuso intentarlo entonces, en Francia. La propuesta llegó a oídos de mi esposo, quien en primera instancia aceptó para luego rechazarla, dados los pasos del plan. Estos eran: él se iría primero a vivir en la casa de mi tía, encontraría trabajo y alquilaría una casa; acto seguido, yo llevaría a las dos niñas. Instalados así, era posible crear la tan deseada estabilidad. Además, cabe destacar que mi segunda niña estaba recién nacida, y ese movimiento migratorio no podía hacerlo así por así, sin pensar bien las cosas. Él solo aceptaría la vida allá si nos íbamos juntos, no me quedó otra salida que "dar mi brazo a torcer".

El tiempo probaría que mi marido no tenía madera para forjarse un futuro en ningún lugar, el plan fracasó, lo intentamos en Bélgica (aunque no gozando de la casa de mi tía por haber sido entregada), y de allí, sin éxito alguno, regresamos a España. La cantidad de dinero y la salud emocional que perdimos fue grande. Esto sin contar con lo más difícil, la decisión de dejar a mi hija mayor con mi tía durante un año escolar. Yo no quería hacerle a ella lo que mi madre me hizo a mí, aunque la situación no fuera similar. No sabía lo que ella podría estar pensando, porque al fin y al cabo la dejaba, pero me llevaba a su hermana. ¿Cómo hizo para enfrentarse a esto y, además, en una escuela en la que ella no hablaba el idioma?

La situación con mi niña, el desempleo, la búsqueda por todos lados de soluciones que no encontraba, y mis propios duelos, eran también algo destructivo para la relación. No solo la crisis en España nos afectaba, sino también su idiosincrasia. Él se auto percibía como en buena posición pese a la falta de empleo, yo, por el contrario, veía que era necesario salir a otro país donde pudiéramos generar ingresos y progresar. Para él esto suponía un desarraigo, y era lo único que parecía importarle; en cambio, para mí representaba un estancamiento que ralentizaba el bienestar familiar.

En cuanto a mi hija mayor, ella demostró ser una "guerrera". En tiempo récord aprendió francés y, en un año escolar, hizo dos. Con apenas 6 años estaba demostrando la inquebrantable fuerza del espíritu humano. Todo, por supuesto, gracias al amor y el cuidado que recibió de mi tía.

"Tengo que asumir todo eso sola, porque él no me va a ayudar"

En abril de 2015, con toda la información que había recogido y la experiencia migratoria acumulada, me establecí definitivamente en Francia. Allí decidí aplicar todo eso para sacarle ventaja al sistema, que funcionaba como "la serpiente que se muerde la cola"; pues, para tener un trabajo tenía que declarar un domicilio y, para hacerlo, se me requería, primero, un empleo. *"Alquila a tu nombre un apartamento y con nuestros ahorros, lo pagaremos. Hemos reunido suficiente para nuestros gastos durante algunos meses"*, le propuse a mi tía. Ella aceptó y otra fase comenzó.

Pudimos al fin regresar a Francia, pero lamentablemente el apartamento era tan pequeño y las condiciones tan inestables, que no podía tener a mi hija mayor conmigo. Llevé todo el ánimo y el ímpetu para vencer cualquier desafío, incluso me creía poseedora de herramientas para "engañar" al sistema; pero, ahora era él, el que enfrentaba su propio duelo migratorio; otra cuesta arriba empezaba cuando más bien, gracias a su condición de ciudadano europeo, todo pudo haber sido más fácil. Él se encerraba en sí mismo, y se excusaba en cuidar a la niña para no buscar empleo.

Con el pasar de los meses, el paisaje se mostraba aún más agreste. En detrimento de mi salud, me privé de alimentarme bien para darle lo mejor a mis hijas. Tras unos exámenes que me realicé, el analista se llenó de asombro al ver un nivel de anemia que normalmente no permitiría a la persona estar de pie; tenía que realizarme una urgente transfusión de sangre que no podía costear (más de mil euros). Lo resolví "a la dominicana": haciendo brebajes y comiendo mejor. Al mes y medio, tras nuevos exámenes, mi salud empezó a mejorar.

Mientras este escenario se desarrollaba, otro estaba teniendo lugar simultáneamente, mi hija menor enflaquecía pese a su buena ingesta. En consideración a ese detalle vi la necesidad de que también ella se hiciera análisis y allí fue diagnosticada de diabetes. *"¡Dios mío, la niña tiene una enfermedad, yo tengo que asumir todo eso sola, porque él no me va a ayudar!"*, mi mundo se caía a pedazos. Las cosas en vez de mejorar continuaron empeorando. Él no mostró ningún impulso, ni tomó acción alguna, estaba completamente bloqueado. Evidentemente, estaba deprimido y "no es que yo me encontraba menos triste, pero tuve que ponerme el cuchillo en la boca, como decimos, y tiré hacia adelante".

Mi acción más inmediata fue la de crear anuncios para ofrecerme como empleada de limpieza y, aunque las "fichas" no estaban de mi lado, porque no tenía referencia alguna ni hablaba el idioma, fui solicitada para limpiar dos veces por semana el apartamento de un señor enfermo del corazón. Con él, y con otras aplicaciones del móvil, aprendí a hablar francés; y esa no fue su más grande lección, si no que su buen ánimo,

me mostró que todo puede estar bien pese a los momentos duros por los que pasemos. Aparte de esto, trabajaba unos días en un hotel y otros haciendo manicure. Aun así, mi esfuerzo no alcanzaba a sufragar los gastos, porque eran demasiados para un solo ingreso. Teníamos, por ejemplo, la adquisición de medicinas para mi hija menor y sin una tarjeta de seguridad social, el coste era demasiado elevado.

Gracias a una asociación se pudo conseguir el tratamiento durante tres meses. Esa misma asociación le aconsejó a mi marido, a través de mí, que buscara empleo en una agencia, acto que le permitiría activar sus derechos a la seguridad social y, por ende, cubrir ese coste. Esto lo tomó muy mal, y hasta me insultó; ni siquiera se movió a enviar la solicitud de ayuda a los organismos competentes, todo eso tuve que hacerlo sola; tal era la carga sobre mis hombros.

Un día hablando con una compañera de trabajo del hotel sobre mi situación, me dio referencias sobre profesionales a los que se podía acudir para mejorar la relación de pareja; al regresar de la jornada se lo propuse a mi marido. *"No, yo no necesito ayuda"*, fue lo que respondió sin importarle mi sufrimiento emocional y físico, ni mi sobreocupación para satisfacer las necesidades de la casa. Incluso, yo tenía que llegar cocinando, porque él después de trabajar medio turno, se tiraba al sillón y no se ocupaba de nada. ¿Cómo podía darles a mis hijas un buen ejemplo sobre lo que es una familia, cuando presenciaban esta absurda actitud? Prácticamente, yo me ocupaba de él como un hijo más. *"Entonces si tú crees que aquí no hay nada qué hacer, yo no voy a seguir luchando sola"*, dije dando por terminada la pareja.

Aunque en lo relacional, no estábamos juntos, lamentablemente en lo cotidiano sí porque con excusas me manipulaba para alargar su permanencia entre nosotras. Por un lado, me acusaba de no trabajar lo suficiente y, por el otro, llegó a decirme que no me iba a dejar a su hija. Sustentaba su amenaza en que, como yo no era europea, no me iban a dar su custodia. Su violencia psicológica hacia mí se agravaba a causa de los injustos reclamos que me hacía y de lo mucho que impedía mi regularización. Afortunadamente, la historia dio otro giro.

El Estado aceptó regularizarme. Ahora, nuevas puertas se abrían para darle una forma más concreta a mi proyecto de estabilidad familiar, pero eso traía aparejado ciertas dificultades que debía resolver de manera inteligente. Una de ellas, era que, teniendo papeles, no podía más trabajar al "negro". *"Trabajaré en esto, en esto y en esto"*, fue mi mentalidad y mi error. Pensando así no iba a avanzar ni personal ni financieramente. Enviaba currículos y cuando me llamaban para una entrevista, no accedía al puesto por causa de mi nivel de francés y de la falta de valor de mis estudios en el país. Entonces, ante las negativas, me decía: *"¡si yo hago eso mejor!"* o *"estoy más capacitada para hacer ese trabajo que otra persona"*. Junto a esto, tenía un tirano en casa que me trataba de mantenida, alegando que mejor vida que la que me daba él no podía tener, cuando lo cierto era que llevaba una existencia miserable a su lado y que lo básico me lo procuraba por mí misma y a escondidas.

Entonces, me sobrevino la frustración, frente a la cual me quedaba claudicar o luchar; y escogí, una vez más, asumir todos esos problemas y salir adelante. Tuve que olvidarme de lo que quería y pensar en lo que necesitaba. Si bien, mi deseo era trabajar en mi área o en el área administrativa, quizás tener un trabajo como traductora, ya que hablaba casi dos lenguas, lo que necesitaba urgente era un empleo, porque no solo estaba sumida en pensamientos de no ser buena para nada; sino, también, porque al ir a una agencia a alquilar un apartamento o al pedir un crédito, los agentes miraban mi estabilidad financiera y no era una candidata interesante para ellos. *"Necesito un trabajo, tengo que irme de aquí, porque si no me voy a morir"*. Y salía a buscarlo, resuelta en lo que sea, sin importar el área que fuera.

Como ya tenía "experiencia" en limpieza, invertí mis esfuerzos hacia ese sector. Cuatro días después me llamaron para trabajar en un hotel. Mis tareas iban desde lavar platos hasta de *femme de chambre* o camarera de piso. A partir de ese empleo pasaba ya a estar en CDI (contrato a tiempo indeterminado) y con un salario base. La cantidad abismal de trabajo, que se distribuía en un turno nocturno durante los días de semana y, los fines de semana, no me impidió tomarlo. Como sábados y domingos eran días complicados para el traslado, porque no había autobuses disponibles para esa ruta, le pedí al padre de mi hija que me llevase hasta allí, y que los lunes en la noche, fuera a recogerme.

Mi horario me permitía regresar a casa a cierta hora para "descansar", cosa que no hacía, porque, o esperaba demasiado a que él viniera por mí, o porque al llegar, me tocaban todas las tareas domésticas para luego correr hacia mi próximo turno. Él me decía que tenía que darle para la gasolina, pero como yo apenas comenzaba en el trabajo, no tenía dinero; entonces le pedí prestado a mi tía. Él, por razones egoístas, me exigía que le pagara y por adelantado. Para mí, su comportamiento estaba motivado por la envidia, *"cada vez que yo avanzaba un poco, él hacía lo posible para ponérmela difícil"*. Un ejemplo previo de ello fue cuando todavía vivíamos en España:

En cierta empresa se me ofreció un empleo en el área administrativa. Esta oportunidad de oro tenía un único contratiempo, la recogida de la niña mayor en la escuela y el cuidado de la menor en casa, detalles que fácilmente podían resolverse con el apoyo de él, quien tenía el tiempo libre para hacerlo. *"Yo me quedo con mi hija en casa y tú vas por tu hija a la escuela, yo no iré por ella"*, fue lo que me respondió. Ante semejante actitud, no pude tomar ese puesto. Entiendo que para él era difícil aceptar que yo, una extranjera, consiguiera ese empleo y no él, que era español, pero exigían un nivel de estudios que él no tenía, y yo sí. Eso no era mi culpa, ¿o sí? Ante eso me decía: *"pero Dios mío, no tengo un compañero, estoy compitiendo con él".* Él no entendía que, si algo bueno me pasaba, ese beneficio era para la familia.

Volviendo a nuestro arreglo, el pago por adelantado no me facilitó la situación, los fines de semana él no me trasladaba, sino que yo tenía que hacer *autostop* para ir a trabajar y para regresar a casa. Lo increíble era que se lo estaba pidiendo a un hombre con vehículo, que tenía suficientemente tiempo libre y que, además, era el padre de una mis hijas. Esto, por supuesto, causó más división entre nosotros, y no fue todo. Con el tiempo llegamos a conseguir un apartamento un poco más grande, así que la mudanza requería organización y de coordinación para cuidar de las niñas, en ausencia del que trabajaba (mayormente yo), nunca puso de su parte. La verdad es que nuestra convivencia requería de mucha paciencia para sostenerla en su frágil estado y, de fortaleza, para hacer frente a todos los problemas cotidianos. Es por ello que, todas estas responsabilidades y reveses, me llevaron al extremo de mis capacidades.

"...tenía también la presión de mostrar que me estaba yendo bien"

Estando libre un día, me encontraba entre cajas y objetos por doquier, organizando todo para la mudanza. Un fuerte dolor de espalda me humillaba hasta lo más profundo y aunque intenté ignorarlo, en cierto momento tuve que hacer una pausa para tomar una ducha. Al salir del cuarto de baño enrollada en mi toalla perdí la conciencia y me desplomé en el suelo. *"Yo no estaba muy consciente de lo que pasaba, sabía que me había caído y que no llegaba a hacer lo que tenía que hacer: llamar por teléfono para pedir ayuda. No tenía fuerzas, me dejaba ir. Aun haciendo el esfuerzo, no podía".*

El único testigo de ese evento fue mi hija de tres años, quien, no sé cómo, tomó el teléfono y llamó a mi tía. *"Mi mamá está tirada en el suelo"*, le dijo y, del otro lado del auricular, mi única esperanza trataba de entender la situación.

La pequeña me puso el teléfono al oído, y yo ahí, balbuceando sin fuerzas, intenté contarle a mi tía lo que estaba pasando. Sin más, ella llamó a una ambulancia y les dio mi número de contacto, los bomberos me llamaron y en breve, se dispusieron a venir. Un poco antes de que ellos llegaran, mi marido hizo acto de presencia, me encontró sucumbiendo en el suelo envuelta en la toalla y me miró como con deseo de que muriera ahí mismo. Luego, cogió a la niña en brazos y se puso a mirar los aparatos que le controlaban el azúcar, en vez de ayudarme. Afortunadamente, los bomberos entraron al lugar y se ocuparon de mí. Terminé interna en el hospital desmayándome nuevamente. Mis síntomas se asemejaban a los de una gastro: fiebre, dolor de cabeza y vómitos, pero tras los exámenes, determinaron que no era eso, sino, un elevado nivel de extenuación y estrés, "estaba explotada". Permanecí los siguientes tres días en el hospital.

Tras todo lo ocurrido tuve las razones suficientes para finalmente mudarme sola con mis hijas. Hubo en aquel entonces, quien me dijera: "no, pero tú estás loca, ¿tú sola…?". Es allí cuando te das cuenta de que todo el mundo tiene algo que decir, pero, nadie te ofrece una solución. Como dicen por ahí *"las opiniones son como los glúteos, todo el mundo tiene dos"*, y ante mi resolución, tuve que hacer de oídos sordos y buscar ayuda donde sí podía encontrarla, primeramente, en Dios.

A veces me acostaba en la noche pensando en la Navidad sin saber si podría darles a mis hijas una bonita cena y los regalos que tanto se merecían. Mi preocupación al respecto no era por mí, sino por ellas, que eran demasiado pequeñas para entender todo lo que hay detrás de dicha celebración.

Aunque mis esperanzas se mostraban limitadas, siempre terminaba por ocurrir algo bonito que lo resolvía todo, y allí veía la mano de Dios sosteniéndome. Se manifestaba a través de un trabajo o de la ayuda de otra persona. Él nunca me dejaba con el estómago vacío. Momentos difíciles nunca faltaron, pero también recibía esa recompensa por mi perseverancia, porque me enfocaba en esforzarme más, para mí la bendición estaba en eso.

Durante algunas reflexiones, no entendía por qué las cosas se bloqueaban y luego llegué a suponer que era por él, por su negatividad. Pero no iba a dejar que esto me aminorara, como ya lo he dicho, tenía a lo más importante de mi lado: a Dios. Hubiese podido apoyarme en mi familia, pero no llamaba mucho a Santo Domingo, porque no me gustaba contarle a mi madre cosas así. Aparte, tenía también la presión de mostrar que me estaba yendo bien, que debía enviar dinero, cosa que no podía hacer.

Cada vez que llamaba mi madre me decía que una vecina con más o menos el mismo tiempo que yo en España se había construido una casa, que había ido a visitar a la familia tres veces, se compró una "jeepeta", etc. No sé si ella lo hacía con intención, pero eso a mí me destruía. Si alguna cosa me permitía comentarle al respecto, me respondía diciendo: *"pero si te sientes tan mal, ven para tu país"* y, aunque podría parecer lo más lógico, mi meta era *"entrar a Santo Domingo por la puerta grande, no con el rabo entre las piernas"*. Más allá de ser severa conmigo, tenía claro que, para avanzar, esa actitud era lo que me ayudaba.

"...la felicidad si merece la perseverancia"

Ese tiempo me ayudó mucho a desarrollar algo clave para mi progreso y eso fue, la gratitud. Cada mínima cosa positiva que me pasaba, por pequeña que pareciera, la agradecía. Por ejemplo: un día salí del supermercado, con solo dos cositas que apenas nos servirían para calmar el hambre pues, el dinero no daba para mucho. De pronto, encontré una bolsa "abandonada" con pan, galletas, leche y otros. Yo realmente la necesitaba, la veía como una bendición del cielo, así que no tuve reparo en tomarla. Al tiempo, supe que esa bolsa no estaba allí por olvido o descuido, sino que era un gesto intencional para colaborar con aquellos más desfavorecidos, como yo lo era en ese momento. Esto me salvó aquella vez, de manera que hoy, agradecida, soy parte de esos que lo siguen haciendo.

"Arlin, ¿cuál es el problema?", me preguntaba también durante esas largas noches de reflexión. La preocupación de estar más accesible a mi hija pequeña, cuando le daban sus crisis de azúcar, no me dejaba dormir. Por un lado, no podía dejar de trabajar para estar allí inmediatamente, pero tampoco podía seguir trabajando lejos pues lo suyo era de vital urgencia cuando ocurría. *"Lo que necesito hacer es independizarme, mudarme sola, y salir adelante, porque con esta persona no avanzo. No dejé mi país para ver la nieve, yo necesito ver resultados"*.

Quería, además, mostrarles a mis hijas que vivir en matrimonio no era ser infeliz al lado de alguien, sino todo lo contrario. No quería que se unieran con el primer hombre que encontraran por allí para su desdicha. Por eso, a principios de 2019, me mudé sola con ellas, dejando atrás el grillete que representaba mi marido. Solo teníamos dos colchones de las camas de mis hijas que puse juntos en medio de una habitación para dormir las tres. Además, pudimos traer con nosotras un microondas, un horno eléctrico, la nevera y la lavadora.

No contábamos con un comedor, ni con muebles. No teníamos nada más, y eso no me importaba. Por fin me sentía feliz, era la primera vez en mucho tiempo que dormía bien. Mis hijas también estaban felices. Empezamos, poco a poco, a comprar lo que necesitábamos, aun así, algo tenía que soltar, y era toda esa ira guardada contra el padre de mi pequeña.

En mi cabeza revoloteaban incesantes pensamientos como: *"yo no me casé para eso", "él no hizo nada para arreglarlo, como si no le importara, como si él quisiera que estuviéramos así"*. De esta manera pasé algunos meses, a través del perdón, la lectura y la observación de mis pensamientos, logré identificar aquello que no me dejaba avanzar y dije finalmente, *"esto no es bueno"*. Gracias a eso pude empezar a purgar todo el dolor acumulado, pero esto era solo el primer paso. Seguí muchas noches más sin dormir, antes de entender cuál era el segundo, aprender a estar en paz conmigo misma. La verdad es que no me había perdonado tampoco ni a mí misma por guardar rencor hacia mi padre y hacia mi madre. *"¿Por qué de niña mi mamá me hacía eso, o por qué mi papá me trataba así?"*, seguía inquiriendo mi dañado corazón en silencio, cuando mis hijas me hacían preguntas sobre mi infancia. Este trabajo personal ha avanzado muchísimo al día de hoy, no está del todo terminado, pero reconozco que mi fe y esperanzas crecen tanto como mis hijas que ahora tienen 9 y 16 años.

Entonces, ¿En qué punto me hallo hoy?

Pues, miro hacia atrás en el tiempo y me doy cuenta de cómo imaginaba mi vida fuera del país, pensaba que todo estaría resuelto al llegar a nuevas tierras. Nada de esto fue así de "buenas a primeras" porque en realidad es cuando llegas al lugar de acogida que el proceso empieza. Reconozco que, aunque cuentes con familiares que te ayuden y que, como sea, "caigas parado", durante tu experiencia migratoria, tienes además de lo externo, tu propio proceso de adaptación. Emigrar me enseñó a cambiar un desafío por otro, que a veces también somos nuestro peor enemigo, que nadie merece tu sufrimiento, pero que la felicidad si merece la perseverancia.

Me siento en otro nivel, dejando atrás el pasado, viviendo el presente y de cara al futuro con valentía. El tiempo pasa y también los nuevos inmigrantes delante de mí, algunos los reconozco, otros no, pero soy consciente de la existencia de todos. Quizás algún día nos crucemos en el camino, hasta entonces, que Dios te dé tanta fuerza como a mí y logres encontrar lo que estás buscando.

Testimonio de Adriana Silva

"Sí podré, pese a todo"

*La trascendencia de la cultura familiar
sobre la popular*

"Mi familia ha sido totalmente entrampada"

Es el año 1993, un nuevo mandatario impone cambios en las leyes, la economía del país se fragiliza exponencialmente y vivimos "la época de las bombas" en Bogotá. Un día como cualquier otro, un estallido llena de humo las calles de la capital, los oídos de los transeúntes se ensordecen y la buseta donde voy vibra; un "coche bomba" con 150 Kilogramo de dinamita ha sido activado. El cráter de 80 centímetros de profundidad que deja testifica la fuerza destructora del explosivo.

El Cartel de Medellín ha dejado otra vez su huella con un saldo de víctimas que asciende a no menos de ocho muertos y 242 heridos, por poco no estoy entre ellos. Ya no hay un segundo en que nuestras vidas no corran peligro.

Como si perder la paz y la seguridad día tras día no fuera suficiente, los eventos que hoy sufrimos están afectando todo el panorama comercial. Los daños al establecimiento donde se produjo el atentado se cuantifican en 100 locales comerciales destruidos y alrededor de 1500 millones de pesos en pérdida. La empresa de artes gráficas que mi padre ha creado desde antes de mi nacimiento, un negocio muy próspero, entre los más concurridos de su sector, inevitable y preocupantemente, se tambalea.

Es aquí donde comienza la odisea. Primero mi madre y mis dos hermanos pequeños parten hacia un nuevo horizonte: Guadalajara, España... Nosotras, mi hermana y yo, las hijas más grandes, nos dimos la oportunidad de terminar nuestros estudios universitarios y de permanecer en Bogotá, con mi padre.

Una amiga de mi progenitora, colombiana como nosotros, abogada y casada con un español, es quien le propone a ella: "Vente, yo me encargaré de todo". Mi madre naturalmente acepta y tras llegar le paga por sus gestiones. Lo que no sospecha aún es que falta poco para que se haga evidente el coste de tal "favor", va a ser mucho más elevado. Al principio comían juntos, como ha de esperarse, siendo huéspedes alojados en casa de amigos; pero después reciben solo sobras, mucho menos de lo que acostumbran a dar al servicio doméstico; que, dicho sea de paso, son ellos quienes gozaban de un estatus social alto en la tierra que dejaron atrás, ahora viven la precariedad total en el país de acogida. Ni siquiera un pago dignifica sus arduas y pesadas labores. Mi familia ha sido totalmente "entrampada". ¿Qué pueden hacer? ¿Irse de la casa sin más? No creas que tal pensamiento no cavila en sus mentes y se expresa en sus conversaciones a voz baja; pero están en el campo, lejos de la población más cercana.

Los kilómetros que exigen ser recorridos para recuperar sus libertades, deben ser realizados en un vehículo, o bien, caminando durante horas bajo las inclemencias del clima, y con maletas. Afortunadamente, el objetivo principal, que es regularizarse, se mantiene firme y eso se activa con más fuerza cuando otro estallido les acomete: una carta de expulsión del país por parte de migración. Las gestiones de esta explotadora nunca fueron realizadas debidamente. Todo el sacrificio que ha supuesto emigrar a España (vender parte de nuestra empresa y pertenencias, nuestro hermoso piso, los coches, el desarraigo y la separación familiar, entre otros) estaba completamente en peligro. Es momento de abrir los ojos y pasar a la acción; pero ¿cómo?

"Ellos sufren... en silencio, su realidad"

Mi madre dirige sus pasos a Madrid. En la capital española, las puertas de iglesias y asociaciones se abren y, de pronto, en el establecimiento más insospechado, una abogada (también paisana) aparece. Esta mujer de buena fama y amada entre los colombianos, les prueba cuán misericordiosa puede ser la vida, tendiéndoles una mano honesta y amiga. Rápidamente emplea todos sus recursos para llevar el proceso a un estado más favorable, por lo menos, a uno que impida que los echen del país y que les dé tiempo para instalarse más dignamente.

Sin embargo, mi madre y hermanos han de pasar un tiempo en la calle con sus maletas, antes de encontrar un primer refugio. El ímpetu resurge, nada los detiene, ellos se lanzan en la búsqueda de pisos en alquiler. La tarea es ambiciosa para su realidad legal y económica, aún más en dicha ciudad, pero se trata de algo absolutamente vital; por lo cual, no pueden permitirse fracasar. Armándose de valor, mi progenitora les habla con la verdad a los potenciales arrendatarios y les ofrece su palabra empeñada como garantía. Nada resulta, hasta que un hombre español les ofrece un piso vacío donde guarecer, la diligencia y la perseverancia están dando frutos. La primera noche duermen en el suelo, pero bajo techo. Poco a poco y con mucho sacrificio, empiezan a llenar las esquinas desprovistas de muebles con lo que consiguen y ganan gracias a los duros trabajos realizados como servicio doméstico, entre otros.

Nosotros, desde Colombia, hacemos lo posible por enviarles dinero, pero el cambio monetario diezma tan gravemente lo depositado, que no les alcanza para mucho. Ellos sufren su realidad; no nos dan a conocer en detalle sus dificultades. Vadean todo, pese a la pena y a su gran duelo, para abrirnos el camino que facilitará nuestra llegada. Finalmente, la expulsión no tiene lugar, las gestiones de nuestra amiga de la Gran Vía 80, Marta, la abogada, han sido las mejores; pero, cuán poco celebramos nuestros triunfos con ella, pues fallece pocos días después.

"De no haber contado con este recurso no habría dado el salto"

De este lado del mar, mi preparación previa al salto se está basando en un único enfoque: hacer todo para darlo. Trabajo durante el día en lo que nos resta del negocio familiar y de noche estudio Economía, con énfasis en administración de empresas. Reunir y planificar son también parte de mis acciones diarias. *"Vivo para emigrar"*. Graduarme, más que la culminación de una etapa será el inicio de otra, mi diploma irá a parar a las manos de mi padre y le diré adiós, solo me quedaré con los saberes y con la experiencia laboral ganada durante este tiempo.

Ahora tengo 25 años, he logrado mi propósito. Mis pies recién llegados a España lo confirman; pero ¡que no lo olvide!, esto es solo el comienzo. Del país sé solo lo básico, me he lanzado aquí totalmente a la aventura, ignorando las dificultades. Un primer acercamiento, me permite descubrir la belleza de las calles madrileñas, sueño mientras paseo por sus veredas, como una turista en romance total con el paisaje europeo. Claro, esto lo puedo hacer porque mi madre me lo está poniendo fácil ahora, pero no podrá impedir por mucho tiempo que la realidad me despierte. Somos cuatro y pronto cinco, cuando mi hermana llegue, bajo el riesgo inminente y constante de la exclusión social, sino me uno a la lucha común.

Mis próximas acciones tienen que ser bien meditadas, he traído conmigo las joyas que no vendí y algunos cheques de gerencia con los que podré sustentarme por poco tiempo; aunque no pienso esperar a que eso se disipe. ***"Gracias a la cultura empresarial de mi familia, tengo la idea y el impulso de crear mi propia empresa de imprenta digital, además de una asociación de artistas y empresarios"***. Hasta que ese día llegue busco y me invento trabajos como freelance. Mas, esta es la respuesta que consigo: *"eres ilegal"*. Si quiero realmente lograr mis metas tendré que reformular mis planes; primero, regularizarme.

Al lanzarme en este proyecto me encuentro con una serpiente que se muerde la cola, es decir, para poder acceder a un empleo necesito una situación legal regular, como lo he dicho antes, y para "tener papeles" necesito tener un trabajo. Obtener uno depende del otro y de ambos, mi vida. No me queda más que *"la verraquera colombiana"*, esa parte indómita de nuestra idiosincrasia que me empuja sin cesar. De hecho, *"de no haber contado con eso no habría dado el salto"*. Así que sigo asistiendo muy segura a entrevistas de trabajo explicando, cuando me piden papeles, todo el procedimiento a seguir para mi contratación sin riesgo de problemas o multas para las empresas a causa de mi estatus. Los contratos no resultan de esta manera, pero sí llegamos a acuerdos bajo la modalidad de "al negro". Por el momento, esto me alivia, porque empiezo a generar ingresos y, además, me da la oportunidad de conocer gente a través de la cual pretendo hacer correr mi nombre en el boca a boca o boca-oreja, que me abrirá nuevas puertas.

Me gustaría hacer un alto para expresar lo que la frase: *"encontrar papeles"*, está significando para mí. Es una meta que, quiéralo o no, va acompañada de sentimientos ambivalentes, unos ligados a sueños y esperanzas y, otros, muy feos pues, *"encontrar papeles"*. ¿No es lo que hacen tienen que hacer "los ilegales"? Y "los ilegales", ¿no son los criminales que salen en las noticias y que son perseguidos por las autoridades competentes? ¿Cuándo me he convertido en eso? ¿Cómo que ilegal, si yo soy una ciudadana legítima? Y eso no es todo: *"Ten cuidado, no salgas a tal hora"*, *"ten cuidado, porque a tal hora la policía hace redadas en el metro y te llevan"*, *"ten cuidado, no digas no sé qué"*, *"ten cuidado"*, *"ten cuidado"*, *"¡ten cuidado!"*. Son las advertencias diarias que como campanadas en mi cabeza resuenan y condicionan mi libertad. Pareciera que bajo mi estatus soy peligrosa y, a la vez, vivo en peligro inminente.

"Nada de eso me define". El valor de la autopercepción cuando nos miramos en el espejo de los prejuicios.

Retomando los acontecimientos de mi historia, aquí estoy, empecinada en no dejarme vencer. Incluso, socializo también con el fin de crear lazos con mi entorno, pero confieso que con los amigos igualmente experimento otro choque cultural. Por ejemplo, una madrugada, tras terminarse una fiesta a la que fui invitada, cada uno se va por su lado. Yo me quedo sola a mi suerte y recordando cómo en Colombia nadie me dejaría en tal situación. ¡Jamás!, todos nos aseguraríamos de que cada miembro del grupo llegue sano y salvo a casa. Sola, entonces, "en quién sabe dónde", no sospecho que lo peor de la noche está por venir. El metro con sus horarios y los caminos hacia él, son un misterio para mí, a la vez que una emergente preocupación. Si no llego a tiempo lo cierran y, al ignorar el sistema de autobuses nocturnos, no me puedo permitir perderlo. No sé orientarme con GPS en las veredas oscuras de la ciudad, pero persisto hasta ver la luz al final del túnel, o más bien al principio, el del metro. Entro en uno de sus vagones y me alejo de los rincones, pues funciono en *"modo Colombia"*, donde decimos: *"no se ponga en los rincones, porque lo arrinconan"*.

Me siento entre dos salidas tranquila, hasta que escucho el calificativo de *"Sudaca"*, saltan mis alarmas. Miro alrededor para entender de dónde viene semejante improperio y diviso a unos hombres dirigiéndose a mí. *"Sudaca de mierda, ¿por qué no te vas a tu país?"*, vociferan. No respondo a sus insultos y aunque estoy petrificada, tan pronto como el metro se detiene, me bajo. Corro como nunca, en *shock* total llego a mi casa y confieso que no tengo ni idea de cómo pude lograrlo; porque estoy en un estado emocional tal que no tengo huecos de memoria. *"¿Qué estoy haciendo aquí?"*, me pregunto ahora que repaso los recientes acontecimientos. *"¿Esto es para mí, yo merezco esto?"*, sigo inquiriéndome aturdida. *"¿Me quedo, me voy, me quedo, me voy?"*, nace en mí una duda y la tristeza se instala en mi corazón.

Las tinieblas comienzan a disiparse con el alba que rompe, y mis ojos se cierran cansados.

Otros amaneceres han sido necesarios para que el panorama legal cambie. Hoy día, la legislación está en revisión y se escucha hablar de la reagrupación familiar, la cual favorece una evolución en mi situación. La inclusión de los inmigrantes se hace necesaria y es hasta bien vista. Los procesos de regularización se agilizan y en el término de año y medio, obtengo mi primer documento legal, un NIE, o número de identificación extranjero.

Con esto abro una cuenta bancaria y empiezo a sentirme *"como parte de..."*. Este documento me da cierta legitimidad, me otorga derechos, no los suficientes como para cantar "victoria", pero sí para esperar tranquila el DNI, requisito indispensable para ser contratada legalmente y para retomar mis proyectos. Sin embargo, persiste cierta ambivalencia en mí; en contraste al beneficio legal y psicológico que experimento, no cesan la tristeza y la rabia que me produce la incongruente injusticia social.

Siempre he sido una ciudadana legítima, que necesita legitimarse y aunque en ese sentido todo evoluciona, sigo siendo rechazada y no sé por qué. *"No me veo diferente"*, *"frente al espejo tengo conciencia de mi color de piel, tipo de cabello y de mi manera de hablar, pero aun así... ¿qué pasa?, ¿qué está mal conmigo?"*. Esta no es la primera vez que viajo a otro país, eso siempre lo hemos hecho. ¿Será que los estereotipos viajan conmigo? Es de suponer que sí, pero no se justifica. *"¡Ah! Sí, coca, narcotraficante..."*, dicen algunas veces cuando declaro mi procedencia, acto que me confirma los prejuicios con los que nos etiquetan.

Todo esto quiere decir que mi posición económica, estudios y cualidades pierden todo valor ante esos estigmas. Funciona así para ellos, por lo que a mí respecta, una verdad está fija en mi cabeza: *"Nada de eso me define"*. Si ellos supieran, que yo no soñaba con irme de mi tierra, pues mi vida estaba bien allá. De repente vislumbro una realidad que no había considerado antes y que me ayuda a comprender a los españoles, una historia de guerra y hambre que les ha marcado durante generaciones. Quizás esto no los justifique, pero es así y está inserto en el inconsciente colectivo haciéndoles creer que el extranjero viene a robarles su pan.

Este sentimiento corrosivo mengua y se convierte en comprensión, al mismo tiempo en que yo me convierto en una española más. He jurado lealtad a su rey que ahora es el mío y delante de una bandera con dos colores distintos a la mía, que es mi estandarte y el de mi hijo... Sí, he traído al mundo a un niño. Esta es su patria, aunque le inculque una "colombianidad" que incluso refuerzo enviándole a estudiar un año a Colombia.

Pensando en mi país, reflexiono: Colombia sigue siendo mi patria, pero no la única. ¿Regresaré a vivir allí algún día? Quizás en mi vejez.

"¿Hasta dónde estoy dispuesta a dejar mi estabilidad para regresar allá?", es lo que me hace dudar. *"Yo soy una más de aquí y una menos de allá"*, es lo que siento al cabo de estos años que he estado afuera. Migrar es un desarraigo total en el que no logras pertenecer completamente a ningún sitio. Otro ejemplo de esto es mi hermana. Entre todos los eventos que relato, ella llega y en la primera oportunidad que tiene, se va a Francia.

"Esta cultura no me aporta nada nuevo, me siento como en una continuación de Latinoamérica", explica ella para justificar su partida. Y allí tenemos a una colombiana que se nacionalizó en España y que encontró su "tribu" en Francia. Del mismo modo, mi ejemplo también cabe para ser analizado: *"mi pasaporte colombiano representa mis orígenes, pero me cierra las puertas del mundo; mi pasaporte español es recordatorio de las muchas vicisitudes sufridas para obtenerlo, pero lo amo, porque me abre las puertas del mundo. Con el pasaporte*

español no me molestan en un aeropuerto, en cambio, con el colombiano, paso por requisas". Aun así, ¿con la integración se me garantiza acaso que lo peor ha pasado?

"En lo profundo del vientre de la ballena". ¿Qué nos saca de allí?

La crisis en España se agrava y ataca a todos los sectores de la vida. Una evidencia de tal situación es cómo las empresas hacen despidos masivos; bajas, de las cuales, soy víctima. Otra vez me encuentro sin trabajo y, al poco tiempo sin el paro y con un hijo a quien sustentar sin el aporte de su padre, un personaje completamente ausente. Vuelvo a hacer comparaciones y no recuerdo haber pasado hambre en Colombia. La depresión se apodera de mí y en nada ayuda tener que pedir comida en la Cruz Roja o en Cáritas. *"Adriana, ¿qué hace aquí?"*, me pregunta una antigua conocida de Bogotá al encontrarme en la larga fila para retirar los alimentos. *"Ella, que viene de una situación cómoda..."*, es lo que creo leer en sus ojos, mientras ruego que me trague la tierra. *"Ya no más, ya no más"*, exclaman las lágrimas que corren copiosamente por mis mejillas y, sin embargo, no puedo dejarme abatir, tengo un hijo.

Lucho, intento y me reinvento, pero el sistema y la crisis me engullen hasta terminar "en lo profundo del vientre de la ballena"; después experimentaré una de las cosas más difíciles que se puede vivir: un desahucio. No solo estamos literalmente en la calle, sino que no sé a dónde ni cómo moverme con tantas maletas, ¿a quién recurro? No puedo decir que no cuento con mi familia; de seguro, si les pido ayuda, me la darán; pero sé que ellos llevan su propia cruz, ¡y en silencio! ¡Qué va!, no voy a cargarles con lo mío. Cuando nos reunimos observo cómo la alegría de reencontrarnos nos une, pero también, de alguna manera, percibimos los dolores que escondemos. *"No claudiques Adriana, hay que salir a la superficie y vivir"*, dice mi espíritu mientras oro.

Cuando llegó la fecha para que nos expulsaran del piso donde vivía, mis compañeros de coro se ofrecieron para ayudarme, sacamos las cosas antes de que la policía llegara y las transportamos a nuestra próxima morada, un apartamento de protección que está a nombre de mi hermano. Pude respirar hasta que... ¡vuelven a desahuciarme! Mi mamá se va a Francia con la ayuda de mi hermana. Yo me quedo en España, habitando el apartamento que ella dejaba; pero, ahora estoy más sola que antes, batallando con mis realidades, aunque no por mucho tiempo. Mi madre, quien logra percibir que algo más se esconde detrás de la imagen estable que le doy, termina por pedirme que me mude a Francia también. Acepto la propuesta, aunque iremos cuando mi hijo termine la escuela.

Sin embargo, fue necesaria una nueva mudanza. Ahora, comparto un piso con otra madre soltera. Nuestra vida termina por reducirse a una minúscula habitación donde hacemos todo: tareas, trabajo, dormir y comer. Sinceramente, las cosas no resultan de la mejor manera allí, pero igual le doy infinitas gracias a ella por tenderme la mano cuando más lo necesité. Además, en estas cuatro paredes, se gesta algo de suma importancia: mi primera exposición en New York.

"... Lo siento, pero hasta aquí". Cuando la cultura familiar se enfrenta a las realidades de un nuevo contexto.

El avión acaba de aterrizar en esta mega urbe. Llego con lo del pasaje y un poco más para vivir una odisea donde gano felicitaciones de parte de las autoridades dominicanas en cultura, por la calidad de la curaduría —y eso que no me denomino curadora—. Logro llevar a 20 artistas que confían en mí, y esto me motiva a estudiar una nueva profesión.

De regreso a España, me dedico a preparar mi próximo salto, el que nos reunirá con los nuestros en el país francófono. No puedo creer que volveré a dejar todo lo que he conseguido durante años; aquí he tenido momentos maravillosos también, he aprendido mucho, he hecho una decena de cursos en distintas áreas, he homologado mi título, he sido reconocida en el medio español de los emprendedores y nuevas economías, así como en el de turismo; he escrito mi segundo libro de poemas, he conocido gente de todo tipo, a la que dejaré atrás; mi hijo también ha hecho sus amigos, ha disfrutado de estudiar en una de las mejores escuelas públicas de Madrid, sus mejores recuerdos están aquí. Empaco nuestras pertenencias de nuevo, resumiendo en cuatro maletas y una caja todo lo que nos queda después de haber tirado, vendido y regalado muchas cosas. Estoy muerta de miedo; pero, no importa, porque tengo vida, salud y a mi pequeño. *"Estoy viva, estamos vivos"*, es lo que me repito frente a semejante decisión.

Está resultando más difícil para mi pequeño que para mí, nuestra integración en Francia. *"El París de mon amour se acabó rápido"*, escribo en un poema, mientras él sufre un choque cultural brutal que le produce el deseo de regresar a España. En casa de mi hermana, vivimos hacinados en una habitación con todas las pertenencias que antes llenaban todo un piso. El día comienza con vientos de cambio, ojalá favorables; mi hermana se está acercando a mí, algo quiere decirme: *"Esto es lo que hay Adriana, esta es mi situación. Vamos a vender el piso y, al nuevo, donde nos mudaremos, no podemos traerlos con nosotros. Yo lo siento, pero puedo hasta aquí"*.

Cada una de sus palabras llegan hasta mí como puñales en mi corazón; no reconozco a mi hermana, experimento que su actitud me hace daño, ¿es eso lo que quiere hacerme?, ¿daño? En realidad, no hay maldad ni egoísmo en ella, sino una capacidad práctica y madura de gestión. Todo lo ha dado hasta donde ha podido y ha llegado el momento de pasar a otra dinámica. Además, este cambio nos favorecerá a todos, mi madre pasará a un sitio mejor y yo ocuparé el suyo. Cada una tendrá su espacio y privacidad, ¿qué mejor condición que esa? Reconozco que todo lo que tengo en este momento no lo tendría sino gracias a mi hermana y a mi madre. Ellas han organizado todo para que con este cambio pueda estabilizarme. De no ser así, no estaría haciendo lo que estoy haciendo ahora. Al contrario, la dependencia me hubiera cercenado una parte de mi propio potencial.

"Llora, no pasa nada", "es un duelo normal, común y corriente", "has perdido, pero no pasa nada". El valor de conectarse con aquello que nos trasciende: lo Divino.

Mi vida evoluciona: contratos, cuentas a mi nombre y mi responsabilidad como madre, me ponen en situación de librar la buena batalla y apreciar cómo estoy en capacidad de llevarla adelante con éxito. La confianza en mí crece, siento que puedo, en este instante puedo; pero ¿será así siempre? Ha pasado ya algún tiempo y de pronto, me encuentro sumida en una espiral de automatismo. Mi vida es programar la compra, hacer la comida, llevar y recoger al niño de la escuela, ocuparme de la casa, encontrar dinero, y nada más. Sentir, vibrar y ser son capacidades que sin querer estoy cauterizando.

Parece que… ¡No!, estoy segura de que estoy incubando otra depresión y sé por qué. ¡Claro!, me he anestesiado para evitar llorar, me presiono para superar toda esta prueba, entera, en un solo bloque, sin desmoronarme. El problema es que a causa de esta estrategia empiezo a somatizar las dolencias emocionales que experimento; aumentadas, además, por la influencia del clima frío y un ambiente constantemente gris. La verdad es que ya mi vida no funciona como la reinicié hace poco, algo falta, algo no encaja… Súbitamente, un rayo de luz atraviesa mi mente y, conectándome con lo Divino, pregunto lo que debo aprender con toda esta situación. *"Al fin estás en Francia, porque tu proyecto de arte y tu misión de vida se desarrollarán aquí"*, es lo que recibo como respuesta.

Resulta que estoy en el lugar indicado para llevar mi vida a otro nivel sin dejarme amedrentar por las limitaciones idiomáticas y legales. Mi pasión me dará el empuje necesario. Desde entonces pude redimensionar aquello que me estaba perturbando y enfocarme en lo que ha estado durmiendo durante mucho tiempo dentro de mí: la artista.

El automatismo ahora reacondicionado está al servicio del proceso creativo. Me hallo desmontando todas mis ideas limitantes para elevar el vuelo de mis proyectos soñados. Dedico mañana, tarde y noche en el ordenador, para inventar la fórmula científica del arte, investigo y aplico métodos de una forma increíble, me sorprendo de mí misma, ¡lo estoy logrando! Los mejores poemas de mi vida florecen profusamente. Lo veo mucho más claro y debo confesarlo, yo no quería ser economista ni contable, estas fueron solo herramientas para hacer frente a la vida en algún momento puntual; pero no más, mi pasión es el arte. *"Lo que mejor se nos da es aquello que nos hace feliz"*, tal afirmación está teniendo cada vez más sentido para mí. Sin embargo, todos esos estudios de estadística, geometría y matemáticas tienen también su propósito en la prosecución de mis metas; pues, gracias a ellos, tengo una mejor acogida para crear un proyecto mejor estructurado. *"Si me hubiesen dicho antes, ¡qué todos estos estudios me iban a ser de tanta utilidad!"*.

Hay en este medio muchas envidias y traiciones, el egoísmo despierta complots en mi contra, incluso de parte de otros colombianos. Me resulta decepcionante e increíble que mis paisanos jueguen en mi contra. *"Ya no te puedes devolver Adriana, donde metiste la cabeza tienes que sacar el cuerpo"*, con esto me focalizo y me doy ánimo.

Recuerdo como una vez, en España, la comprensión me ayudó a apreciar las cosas desde otro punto de vista. Descubro así, las dificultades por las que muchos de mis detractores han pasado y, aunque nada les justifica a actuar de tal manera, entiendo que haber sido traicionados en su momento, los ha segado. Ahora creen hacer lo correcto, lo que corresponde. Lo integro, pero no es fácil tampoco mantenerme cerca sin sufrir las heridas infringidas, por lo tanto, me alejo. ¿Es esto lo más productivo? No, pero en parte, estar sola me permite redescubrir mi fortaleza. *"Tú puedes"*, escribo en el muro de mi cama, con el fin de leerlo y afirmarlo cada día. Me hago responsable de mí y me doy *"el espaldarazo"* para salir de esta situación emocional, y cuando esto no es suficiente, me permito llorar. *"Llora, no pasa nada"*, *"es un duelo normal, común y corriente"*, *"has perdido, pero no pasa nada"*, *"ya saldrá, ya saldrá, tiene que salir, porque eres alguien bueno, no estás haciendo daño a nadie"*, me escucho reflexionar y me consuelo.

Qué increíble es la capacidad de autosanación que posee el ser humano cuando está conectado consigo mismo y con el Cielo. Y cuán necesario se me hace este ejercicio, porque pronto mi momento llegará. Cuando así sea, es mejor estar lista y decirme *"si, te lo mereces, ve por ello"*.

Acabo de recibir una invitación para asistir a un evento. No quiero ir pero bajo la insistencia de quien me lo propone, no me queda más remedio. Mis pasos me llevan al interior de la sala en la cual me encuentro con el montón de personas que me han hecho daño; pero ya estoy aquí, por ende, me digo: *"vas a estar bien, tranquila"*. Acto seguido, alguien aparece frente a mí. Conversando con él, le hablo de mi trabajo, le comento lo que hago y parece que he captado su atención... *"¿Te gustaría exponer tu trabajo en la Sorbona?"*, me pregunta. *"¡Por supuesto!"*, respondo.

Me acabo de dar el "sí" a mí misma y siento cómo resurjo de las cenizas. *"Entonces, estaremos en comunicación"*, me dice este caballero. Salgo de la velada con el corazón gigante y lleno de esperanzas. No espero para contárselo a mi madre y ante mi incredulidad me dice: *"tranquila, se va a dar, ya te llegó tu momento"*, y así es, *"efectivamente, llegó mi momento"*.

"Tú eres tú más grande apoyo, o tu saboteador"

Actualmente, soy miembro de la Asociación francesa de Comisarios de Arte y, entre ellos, la única colombiana certificada. He presentado seis exposiciones en París y me he graduado como *stagiaire* en el *Museo de Orsay*; además, he cursado otros estudios de arte en el *Grand Palais* y en el *Centro Georges Pompidou*, instituciones de renombre de la capital francesa.

Pasar por todo esto, y salir triunfante, ha requerido de la aplicación de varias herramientas que me gustaría compartir aquí.

Lo principal es Dios. Desde los nueve años empecé a abrir mi conciencia y hoy, más allá de la religión, me considero alguien espiritual. Esto me da mucha fuerza y la tranquilidad de saber que no estoy sola, sino que algo más grande que yo me cuida y me acompaña con sus ángeles.

Si bien es cierto que pasé por muchas vicisitudes y presión social, una vez que tuve a mi hijo, me esforcé para que eso no le afectara. Para ello, le di buena ropa, los estudios en los mejores colegios, creé espacios de ocio donde él pudiera ser niño. Todo lo que estuvo a mi alcance para que su infancia se desarrollara felizmente, lo hice con todo mi amor. Esta motivación me fue también de gran valor para no rendirme, aún hoy día lo es.

En la vida he aprendido que para realizar tus proyectos es necesario aplicar un plan de acción. Esto no se logra sino pensando con la cabeza fría, ¿cómo hacerlo? Primeramente, reconociendo que no se puede pensar con el estómago vacío y con los bolsillos llenos de deuda; por ende, hay que ocuparnos de esos asuntos antes que todo. Luego, es fundamental obtener guía para los siguientes pasos y, ¿quién mejor que Dios para orientarnos? Herramientas como la meditación y la oración pueden ayudarnos a conectar con Él. En esa instancia es cuando la verdad brota desde el interior, y escuchamos: *"la respuesta está en ti"*.

Es hora de recuperar la información que necesitamos para obrar con éxito.

Otro recurso importantísimo es el desapego, la famosa cualidad que sirve para decirte: *"no te ates a nada, suéltalo todo"*. Eso lo entendí cuando me repetía a mí misma que no importaba todo lo que dejaba atrás, mientras pudiera, con vida y salud, continuaría hacia adelante.

La verdad es que hay que tener mucha espiritualidad y fortaleza para vivir de manera positiva el desapego, el desarraigo y la soledad, pero esto es perfectamente posible de alcanzar.

Algo que jamás debemos olvidar es que *"eres tú absoluta responsabilidad"*. Puedes tener todo el apoyo del mundo y recibir constantemente ayuda; pero, nadie puede ocuparse de ti y de hacer realidad tus sueños en tu lugar. Te los robarían, y tú te quedarías sin nada. Aunado a esto, hay otra decisión que es importante tomar, y es, qué rol darte: el de tu más grande apoyo o el de tu saboteador.

La manera cómo percibes la vida también puede resultar de gran utilidad a la hora de hacer frente a sus avatares. Puedes verla como una serie de eventos desafortunados, o como una serie de eventos que sacarán lo mejor de ti. En lo personal, emigrar me dio forma, me forjó una personalidad férrea y perseverante. Ante la dificultad y la falta de apoyo de los demás, el *"sí"* a mí misma era mi bandera y el *"sí voy a poder"* mi divisa, y el *"si pude estar allá, también puedo estar aquí y si aquí no funciona, puedo irme a otro sitio"*, esa es mi filosofía. Me ayuda muchísimo creer firmemente que *"sí podré, pese a todo"*, porque sí creyera lo contrario, entonces no me atrevería a hacer lo que he hecho, no me atrevería a vivir.

Ahora soy más resiliente, ya no agrando ni agravo tanto mis problemas. Soy más práctica, vivo minimalistamente, no hago gastos superfluos, no sigo la moda. Ahorro para mis proyectos, como, por ejemplo, viajar; y los proyectos que no funcionan, lo cierro y sigo con otros.

Capítulo 3

Cómo encarnar el coraje en tiempos de expatriación

El coraje, como sinónimo de valentía, es una cualidad humana definida como la fuerza de voluntad y los gestos concretos que desarrolla una persona para superar ciertos impedimentos, sin importar el fracaso latente que puede comportar su proyecto.

En su libro, "Un segundo de coraje", la psicóloga chilena Pilar Sordo nos explica que las decisiones más trascendentales de nuestras vidas, aunque requieren cierto tiempo de reflexión, suelen tomarse en un instante, en un segundo. La vida de un inmigrante implica tener la habilidad de crear su propio camino, aun cuando este implique pasearse por un desierto solitario, solo contando el poder de la intuición, con la confianza en sí mismo.

Cuando me pregunto: ¿quién soy?, ¿qué hago aquí?, ¿qué quiero crear para mi vida?, voy a mi interior para buscar esa información. Lo que siento en el pecho cuando conecto con mi esencia, con el poder de mi intuición, aparte de traerme el sosiego de la respuesta, me guía en los actos siguientes de mi vida de manera tal que me equivoco menos en mis decisiones posteriores y me da mucha más paciencia y comprensión conmigo misma, cuando incurro en error. Esta es mi fuente de energía a la hora de enfrentar retos, sobre todo aquellos que me asustan, pues, como bien dice la frase, "el coraje no es la ausencia de miedo, sino triunfar a pesar de él".

En cierta ocasión, una llamada que recibí fue motivo de alegría, porque una amiga, con la cual había compartido una formación de *Coaching*, me dijo que vendría a París. La hospedé en mi casa y la esperé entusiasmada. Una vez aquí, me comentó que alguien muy especial para ella también vivía en la ciudad y quería visitarla. La cita fue en el barrio *Saint Germain*, mi rincón favorito de la urbe del amor. Arlin, la amiga de mi amiga, vino a nuestro encuentro en un bar de la zona y aunque jamás la había visto, fue como si la conociera desde siempre. Ella es una mujer sin pose, sin deseos de alardear, que da ampliamente la impresión de ser alguien muy valiente y determinada, ¡y sí que lo es! Con mucha naturalidad entramos en el tema de la migración, cuando me dijo que antes había vivido en otro país de la Unión Europea. Me relató tantas pruebas, que con solo su historia podría escribir más de mil páginas. Así que cuando tomé la decisión de cristalizar este sueño, la obra que hoy tienes entre tus manos, inmediatamente pensé en entrevistarla para conocer los pormenores de su historia. No escribí ni el diez por ciento de lo que dije que escribiría sobre ella, porque debía compartir las páginas de este libro con las experiencias contadas por otras personas, pero su testimonio, aun tan resumido como lo encontrarás aquí, es una fuente de inspiración.

Tiempo después, mi amigo Alexander Bellance, líder de la Comunidad Dominicana en Francia y yo, estábamos muy apurados con los preparativos de la primera participación de la República Dominicana en el carnaval. Después de haber culminado la mayoría de las tareas pendientes me dijo que ese día había sido invitado a un evento al cual no podía faltar y me pidió que le acompañara en calidad de periodista. Se trataba de una exposición de lujo en la Universidad de La Sorbona, París: ¡Viva Molière! Un homenaje latinoamericano a Molière ideado y organizado por una destacada curadora de arte de ascendencia colombiana. Nos encontramos con ella, quien se presentó como Adriana, una mujer de tez india, pelo negro, de una sensibilidad artística increíble y una espiritualidad a flor de piel. *"Esta mujer ha de tener un alto nivel de consciencia",* pensé. Intercambiamos contactos para enviarle unas fotografías que habíamos hecho y quedamos para volver a encontrarnos en el futuro para compartir un café.

Transcurrieron algunos meses antes de volverla a ver. Esta vez se trataba de una actividad de *street art* en el barrio *Les Marais*. Ella como auténtica curadora y comisaria de arte que es, se detuvo en cada trabajo, cuando yo, por mi parte, los vi todos, pero solo dediqué tiempo a aquellos que llamaron mi atención. Tras disfrutar de todo lo que ofreció la ocasión, salimos a recorrer las calles abundantes de belleza e historias, del París que tanto amamos.

Luego buscamos por algunos minutos restaurantes, hasta que vimos uno al estilo español y como queríamos sentirnos en España por un momento, decidimos almorzar en él. Mientras la degustación tenía lugar, una conversación se instaló entre nosotras, le hablé sobre mi proyecto literario e intercambiamos algunas experiencias vividas durante nuestros procesos migratorios. Ella me comentó sobre un episodio de discriminación que vivió en sus primeros días como inmigrante, y yo le dije: "Definitivamente, quiero citar ese hecho en mi libro". Así que concertamos una cita para tratar exclusivamente ese asunto. Como te habrás dado cuenta, Adriana es una mujer migrante llena de sabiduría, alguien que ha sabido construirse y moldearse como el acero.

Capítulo 4

Viaje de ida al infierno

Testimonio de Ángela Martínez

"Voy a construirle una casa con cisterna a Mamá"

La familia como influencia condicionante de la experiencia migratoria

Padres, primer ejemplo de cómo abrirse camino... con "lo esencial"

Nací y crecí en Santiago de los Caballeros, República Dominicana. Mi madre, además de ser ama de casa, hacía dulces para vender. Les quitaba la piel a las toronjas y las metía en almíbar, con ese olor cítrico y dulce irrumpía en la cotidianidad de los demás para traer el sustento a casa. Ella luchó y se sacrificó mucho por nosotros, amo muchísimo a mi madre, de una manera inimaginable. Su ejemplo me sirvió a la hora de hacer frente a las dificultades que se me presentaron. Su apoyo me permitió atravesar continentes.

Mi padre era discapacitado y a la vez la persona más capaz que haya conocido. Le faltaban sus dos piernas, que tras una gangrena feroz tuvieron que amputarle. No se sabe si por diabetes o por otra cosa, pero lo que sí se sabe, es que eso no le impidió ser feliz y productivo. Todas las mañanas, después de asearse y vestirse por cuenta propia, subía a su "carrito" y se lanzaba a la calle a pedir limosna. No era beneficiario de la comodidad de una silla de ruedas, puesto que eso era un lujo en aquella época, pero tenía su "carrito" y su voluntad; eso le bastaba.

Esto no era todo, se las ingeniaban de otras maneras para mantenernos y educarnos. Por ejemplo, mi padre iba al mercado municipal a recoger sacos de víveres (entre otros) que le regalaban, y con eso nos sustentaba y compartía con los vecinos. ¿Qué mejor manera de enseñarle a sus hijas la solidaridad y la generosidad que a través de ese gesto? Éramos tanto o más pobres que los demás y, sin embargo, eso no le impedía compartir. La riqueza va más allá del dinero, eso va también, y, sobre todo, en el corazón.

Otro ejemplo de emprendimiento fue el que nos dieron cuando, buscando una mejoría a nuestra situación económica, nos mudamos de Santiago a Santo Domingo. Yo tenía solo seis años y migraba por primera vez. Una vida citadina y dinámica se abría frente a mis ojos, en contraste con la vida lenta y rutinaria que teníamos en el campo. Una casa en las Ciénagas de Santo Domingo sería nuestro nuevo hogar.

Si se me preguntase de dónde mi padre sacaba la motivación para luchar pese a sus condiciones, yo diría que nueve eran las razones: las tres hijas que tuvo con mi madre, más sus seis otros hijos en otra relación, tres hembras y tres varones.

> *"Eran tiempos muy difíciles a causa de nuestra pobreza, pero también éramos felices porque no nos faltaba nada.*
> *Teníamos un papá y una mamá".*

Así concebía la vida en mi mente de niña: papá y mamá lo son todo y yo los tengo a ambos, *"no hay espacio en mi mente para pensar en lo que no tengo"*.

Esa otra realidad de carencia no existía para mí; incluso, tras su separación, y pese a ese evento, siguieron funcionando juntos como padres para nuestro cuidado.

Mi madre, o "mami", como le decía, cuidaba de nosotras durante el día en la nueva casa que había alquilado, y cuando se acercaba la noche, nos dejaba donde papá para que durmiésemos con él mientras ella trabajaba. De hecho, teníamos que esperar todas listas a nuestro padre, en su casa, cuando venía del "trabajo", tal era el acto de bienvenida que le hacíamos.

Es de notar cómo las condiciones del entorno primordial de Ángela forjaron su experiencia migratoria más adelante. Desde pequeña su visión no estaba puesta en las carencias como elemento limitador, sino en el *haber* como recurso impulsador de la vida y del movimiento que ella exige. Enfocarse en lo esencial (amor, familia, protección), como sustento básico, le permitió mantenerse firme y clara en todo momento. *"Ahora encuentro que hay más complejos respecto a lo que se tiene y a lo que no. La gente se ocupa de lo que no tiene en vez de vivir lo que tiene"*, reflexiona al contrastar su visión de niña de una época pasada, con la de algunas personas de ahora.

Aun cuando lo esencial falte, hay que seguir adelante...

Al cabo de algunos años de estar en la capital, las cosas tomarían un vuelco inesperado y dramático. Esto probaría "la madera de la que estábamos hechos".

Tenía alrededor de diez años, y era diciembre. Las festividades, con poco para algunos y mucho para otros, eran el escenario del momento. En plena Navidad la salud de mi padre se agravó.

Finalizaba el año y la esperanza de vida de mi papá también. Lo trasladaron de regreso a Santiago para los cuidados necesarios, y nos quedamos atrás, en la capital, con un nudo en la garganta. ¿Cómo resolveríamos nuestras necesidades sin su apoyo?, ¿cómo sentirnos completos estando él ausente? Eran preguntas que tendríamos que resolver, luego de otras que se imponían con mayor urgencia: ¿dónde viviríamos ahora y cómo haríamos para recuperar lo perdido? Nuestra casa, o más bien, la de mi madre, en la cual vivía con sus hijas, acababa de incendiarse.

El 31 de diciembre se consumió en llamas nuestro hogar y todas nuestras pertenencias. Pocas, pero nuestras. Las únicas que teníamos para pasar no solo de un año a otro, sino de un día a otro...

Es paradójico cómo, en minutos, puede reducirse a cenizas una casa que está al lado de un río, y seguir éste dejando correr sus aguas para llevarse nuestras esperanzas. En su rivera, lloré ese 31 de diciembre y en su cauce ahogué mis lágrimas el dos de enero, cuando su corriente trajo hasta nosotras una nefasta noticia: mi padre había muerto.

Mas, algo nos había enseñado nuestro padre con su actitud: dos piernas amputadas no era excusa para detenerse. Ahora, amputadas de él, la vida debía continuar. *"Con el tiempo las heridas van sanando y nos hacemos más fuertes"*, recojo también de este pasaje.

Salir todas a trabajar fue el plan emergente con el cual haríamos frente a nuestra nueva realidad. La casa de nuestro padre nos sirvió de refugio y a su puerta, los vecinos a quienes antes había servido acudieron llenos de bondad a llevarnos algunos insumos. La generosidad engendra generosidad. Así, la solidaridad vino a nuestro rescate. De alguna manera, esta fue la herencia que nos dejó nuestro padre. De ahora en adelante, lo demás correría por cuenta nuestra.

Pero, las dificultades no llegaron solas. Otras más vinieron con ellas. De nuevo tuvimos que abandonar nuestra casa y las escasas pertenencias que teníamos, esta vez por culpa del nuevo marido de mi madre, quien, al crear problemas y sus consecuencias, ponía en peligro nuestra vida.

Habíamos perdido no solo eso, en el término de un poco tiempo, sino también la unión. Mi madre en un lugar, mis hermanas en otra, y yo, en otra. La familia se fragmentaba, todo lo esencial se disolvía.

Con el tiempo mi madre volvió a reunir a sus hijas bajo su seno y, por un tiempo, otro sector de Santo Domingo nos acogió, hasta que de allí diéramos otro salto al vacío: regresar a Santiago, al campo.

Avanzar, aunque se retroceda

"Los forasteros" nos llamaban en Santiago. Con tal apelativo se nos resumía tristemente en ese inhóspito lugar. Una banda de recién llegados conformados por una mujer, su marido y sus tres hijas ocupaban una desvencijada casa sin electricidad, agua, piso y otras condiciones mínimas de habitabilidad.

Sentía como este paso era un retroceso al que tocaba asumir con las ropas viejas, la burla latente y un solo par de zapatos. La regla era que el que madrugaba, se los ponía. El desafío consistía en avanzar pese a la hostilidad que se acrecentaba día tras día contra nosotras: un grupo de mujeres en ausencia del "hombre de la casa". El marido de mi madre nos había abandonado, otra vez huyendo de las consecuencias de sus problemas.

Tampoco nos faltó esta vez las muestras de solidaridad. Algunos en el barrio terminaron por aceptarnos entre ellos, nos regalaron ropas y, otros, solo nos la prestaron.

Un adagio bien conocido dice: "el que no come, mal piensa", y bien que lo comprobé al no poder rendir correctamente en la escuela a causa del hambre. No podía, desfallecía, tenía que buscarle solución a eso. De la escuela, pasaba directo a la casa de enfrente a la mía para intercambiar con esos vecinos algo de comer por mis servicios domésticos. Un plato de comida por una fregada, quizás algo de beber por una barrida. Una necesidad se cubría aprendiendo cada vez más una lección importante: toda carencia puede resolverse con el trabajo.

Al mismo tiempo, otra necesidad emergía: *"Tengo que salir de aquí, yo no soy una campesina, yo no soy de aquí"*, me decía.

Ahora que tenía lo suficiente para encontrar mi sustento, la escuela tomaría una pausa. Salía todos los días para buscar latas de agua en casa de los vecinos. *"¿Vecino puede darme una lata de agua?"*, exclamaba de pie en sus portales. *"Lleve dos si quiere, pero del pozo de abajo"*, me respondían. Iba por ellos sin temer a las culebras que atestaban en los pozos de abajo, ya sabía que solo eran cuentos para asustar.

En esa época una idea llegó a mi mente, la que me proporcionaría una herramienta infalible que me serviría de sustento durante mucho tiempo.

Viendo a mis primas coser y ganar dinero semanal fruto de esa labor, decidí emularlas. No sabía coser, pero eso no fue un impedimento, el carácter impetuoso y emprendedor que había visto empujar a mis padres en mi niñez, era el mismo que me daba la confianza para aprender mientras me metía de lleno a esa faena.

Cada puntada que daba con aguja e hilo sobre cualquier retazo de tela era una puntada más que estructuraba mi sueño de irme de allí; no solo eso era una meta urgente, sino que además me obligaba a decirme:

"Voy a construirle una casa con cisterna a mamá"

Y después… ya no solo sería para mamá, sino también para mi hija. Pasados los 21 años, la tuve, luego de haber perdido un embarazo a los 17 años al caer en un hoyo mientras el ayuntamiento reparaba las calles. El padre de la última cría al poco tiempo me dejó sola para irse a Estados Unidos.

Nada me detuvo entonces, yo también quería emigrar. Más resuelta a hacerlo me sentía ahora que mi hija me daba otra razón de peso. Tenía que mejorar nuestra situación económica.

Comencé por dar el paso de irme del campo a la capital. Santo Domingo ganaría una nueva costurera, una más del millón, pero una con un sueño tan ferviente que no se dejaría amedrentar por nada ni nadie.

Sabía que si quería salir del país a Estados Unidos debía aprender inglés y que para entender ese idioma primero tenía que comprender mejor el mío. Terminé mis estudios y hasta fui a la universidad.

Mi proyecto de emigrar seguía en pie desde entonces. La madrina de mi hija, ciudadana americana, me ayudaría a obtener mi pasaporte. Mi trabajo de costura daría lo máximo para lo demás. Pero esto no fue suficiente, tuve que endeudarme para conseguir el resto, no escapé tampoco de asociarme con mucha gente para dar el paso. Y allí estaba, finalmente, con mil dólares y pasaporte en mano con dirección a Saint Martin. El plan era seguir de Saint Martin a Saint Thomas, de allí hasta Puerto Rico para finalizar en Estados Unidos. ¡Todo muy fácil! ¡Y en un yate!

Nada resultó así. Mis manos se abalanzaron sobre mi cabeza cuando desde el yate los otros veintidós tripulantes y yo divisamos a la policía francesa en las cercanías. *«Tanto dinero que debo...»*, decía horrorizada para mis adentros. Mis sueños desplomaban ese día, tal como aquella tripulante que cayó al agua de una manera inexplicable. Ella, afortunadamente, fue rescatada, mis esperanzas no.

"Antonia Pérez", dije llamarme. Tuve la suerte de haber dejado mi pasaporte bajo la custodia de alguien en Saint Martin, pero también bajo custodia quedé yo en la gendarmería hasta saber que se resolvería conmigo. La identidad falsa serviría para que no me ficharan en la entrada a Estados Unidos, si algún día lograba cruzar sus fronteras. Sería entonces a la susodicha, Antonia Pérez, a quien llevarían a la mañana siguiente a Guadalupe.

"Los pájaros están en las jaulas y llegan mañana", fue lo único que dije a mi madre por teléfono desde aquella cárcel. Al día siguiente, vino por mí al aeropuerto. No sabía cómo iba a salir de esta. En realidad, pasarían dos semanas, hasta que supiera cómo revertir ese paso en retroceso que la vida me estaba haciendo dar. Cabe decir que durante

esos quince días me mantuve escondida de mis acreedores. Metafóricamente, de una cárcel había pasado a otra.

La tenacidad da sus frutos... pero también tiene su precio

Regresé a la capital, y dejé nuevamente a mi hija con mi madre. Luego, por oferta de la familia de mi ex, la puse bajo el cuidado de ellos. Saber que estaría protegida y, en buena compañía, me daba la fuerza para ser tenaz, pero el precio que pagué, aún hoy, por ello, resultó muy alto. Los valores que quise inculcarle los ha olvidado y los reclamos por haberla abandonado llegan a mí cada vez más y más de su parte. Ahora se siente con el derecho a exigir resarcimiento. Yo, por el momento, no tengo más que seguir con mi historia...

Recuperé mi pasaporte y le pedí cobijo a un amigo en Santo Domingo, trabajé e hice contactos para lograr un puente: pasaría primero por Venezuela antes de retomar mi ruta inicial...

Su capital y su gente me acogieron. No llegué con las maletas vacías como cuando era una niña, llegué con toda mi experiencia, con ímpetu, y mis saberes en la costura. Al mes me hallaba trabajando y, al poco tiempo, empecé a enviar dinero a mi familia. Al cabo de nueve meses estaba lista y con documentación venezolana para dar el salto nuevamente.

Trinidad y Tobago fue mi primera parada, un mes y medio me tomó estar allí. En sus tierras conocí a Miss Trinidad y Tobago y al que se convertiría en el padre de mi segundo hijo, este último, vía internet. Él me escogió como quien escoge a dos libras de carne y pide su envío a domicilio. Yo solo seguí el juego, mi meta estuvo siempre clara, aunque eso no me impedía probar esa oportunidad, ¿cierto? Ahora regresaba a Guadalupe, pero no bajo custodia sino con el proyecto de trabajar. Junté mi vida con la de este hombre, quedé embarazada de él, pero nunca logré enamorarme. Nuevamente la tenacidad mostraba su otra cara y exigía su precio: compartir cama con alguien que, pese a todo, despierta asco en ti.

Por ende, la vida con este hombre conllevó a mucha humillación y violencia, sin contar otros desafíos puntuales que tenía: la lengua y la autosuficiencia. El creol no era la lengua que quería aprender, sino el francés; pero en creol se me insultaba; de una manera u otra, me tocaba pasar por una lengua para llegar a la otra. Sin poder comunicarme no podía trabajar, sin trabajar no podía ganar dinero y, sin ello, ¿cómo habría de honrar mis deudas, mantener a mi hija, ayudar a mi madre y reunir para salir de esa vida que llevaba?

Finalmente recurrí a mi cuerpo, me prostituí. Mi esposo no me lo impidió. Hasta cierto punto él sufragaba algunos gastos, pero no podía con todo; su imposibilidad me dio permiso para buscar solución a mi manera. Esto no hizo más que empeorar la situación. Ahora me reclamaba lo que yo les daba a otros y le negaba a él. Yo tenía serios problemas y responsabilidades por ello, tenía "entre ceja" que debía ser tenaz, aunque el precio fuera el de ser tratada como puta, vieja gorda y payasa. Al fin y al cabo, esto era lo menos difícil de soportar ante el rumbo que mi vida estaba tomando. A veces él trataba de acercarse a mí, pero yo no dejaba de tenerle asco. Lo repelía, y eso nos llevó a peleas, golpes, intervenciones de la policía, chismes, juicios, objetos rotos y puertas apedreadas. Todos los días vivíamos un infierno a turnos, o bien era en la mañana, o bien en la tarde y, a falta de las dos, en la noche. Ningún día pasaba sin querellas y humillaciones de todo tipo, de parte y parte.

No puedo llamarme totalmente víctima, pues yo supe defenderme. Recordaba a mi madre, quien nunca se dejó pisotear por su marido. Y me decía a mí misma que yo tampoco me dejaría hacerlo. Sin embargo, esto hizo mella en mí. Sí, fui víctima de depresión y de miedo, pero más fueron mis razones para salir adelante. No me di nunca la opción de dejarme vencer.

Logré saldar todas mis deudas. Con mi hijo en brazos y 250 euros viaje a República Dominicana para reencontrarme con mi madre y mi hija. Ese dinero duraría solo algunas horas, la miseria lo consumió todo... y allí estaba otra vez, donde había estado muchas veces antes, con el desafío titánico de un proyecto que quería lograr.

Ahora, aunado a esta situación, un obstáculo más se presentaba, los ataques epilépticos de mi hijo. Regresé a Guadalupe, de inmediato lo hice ver con los médicos, quienes lo reanimaron después de dos días de haber estado en coma artificial y, fue así como a tiempo, conseguí otra salida, tanto para él como para mí: que fuéramos recibidos en Francia para su tratamiento.

"Especiales"

Es común escuchar decir que los niños que nacen bajo ciertas condiciones son especiales. No dudo ni un minuto de todas las cualidades maravillosas de mi hijo. ¿Pero quienes son realmente especiales? ¿ellos o nosotros, a quienes se nos otorgan los desafíos de sus cuidados? Hay que ser "especiales" para llevar adelante esta labor, sobre todo en medio de semejante contexto.

Así que estaba en Francia, con solo 450 euros, un niño de salud delicada, sin poder trabajar, con una madre y una hija nuevamente abandonadas en República Dominicana. Todo esto se agravó con el hacinamiento que sufrimos en la habitación en la que nos recibieron, era una que albergaba a seis personas.

La incomodidad no habría sido de gran peso, sino hubiera venido acompañada del abuso de poder y el robo; pues, todas las labores de limpieza las pusieron sobre mis hombros y, de paso, me robaban dinero a hurtadillas como creyendo que no me daba cuenta...

A esto reclamé: *"No vine aquí para ser la sirvienta"*. *"No, tú viniste acá para ser la puta"*, me respondieron. *"Pues, si vine a ser la puta: ¿que será más penalizado, eso o ser la ladrona?"*, repliqué dejándoles claro que estaba al tanto de sus robos. Las amenazas de expulsión no se hicieron esperar, pero tampoco mi resolución de irme de allí.

En pleno invierno, bajo un frío mortal y con mis cosas, más el niño, me lancé a la calle. Pedí un aventón a un amigo y me fui a un hotel. Al ingresar a la habitación me desplomé en llanto, llevaba demasiado dolor en mi corazón. Al cabo de un rato me recompuse y llamé al 115.

Al día siguiente una asistente social tomó mi caso. Me ayudó a pagar más tiempo en mi hotel con el desayuno incluido, y a continuar con el tratamiento médico de mi hijo. Una pequeña pero oportuna tabla de salvación me estaba permitiendo reorganizarme.

Con el tiempo pude ubicarme en un mejor lugar. El niño empezó su escolarización, pero no logró adaptarse; pensé que ponerlo bajo los cuidados de mi madre y en una lengua más familiar para él, le harían mucho bien; entonces lo envié a República Dominicana. Sus reclamos me confirmaron que se sentía abandonado, comprendía a mis hijos y lo que ellos debieron pasar debido a todo este proceso de migración; al mismo tiempo, no dejaba de comprenderme a mí misma, y seguí luchando por algo que tenía el bienestar de ellos como norte.

En esa época, trabajé en una cadena de restaurantes. Posteriormente, pasé a formar parte de la nómina de un hospital como auxiliar de enfermería no diplomada, pues hasta la fecha no había cursado ningún estudio en esa especialidad aquí. Esto, sin embargo, me ayudó a estabilizarme y ahora tengo una casa cómoda en un lugar tranquilo.

Las peripecias no dejaron de suceder. El papá de mi hijo vino a establecerse en Francia y en mi casa lo recibí un tiempo, pero debido a sus pretensiones, exigencias e irrespeto, me vi obligada a echarlo a la calle. La justicia se está cobrando sola las cosas, él también me había echado de la suya varias veces. He albergado a personas necesitadas aquí, las cuales lamentablemente me han pagado mal, no tanto porque alguien deba pagarme algo o no, sino porque al darles la oportunidad que les di, pudieron haberlas aprovechado mejor. ¡Cuánto habría querido que alguien me recibiese así durante mi odisea!

En fin, a la vida no le faltan peripecias, pero el ejemplo y el ímpetu de mis padres más el amor que tengo por mis hijos, me dan fuerzas para continuar. En esto somos "especiales" los que emigramos.

No soy ni de aquí, ni de allá

En este punto, cabe hacer un alto para hacerse una pregunta: ¿hasta ahora dónde está el cariño y el apoyo de la familia? Nadie se pregunta por las vicisitudes que vives mientras consigues el dinero que les envías; para ellos tú no tienes problemas, todo lo tienes solucionado y a la mano. No hay ánimo de victimizar a nadie con esta declaración, sino crear consciencia. El que sale del país también es un ser humano, el frío y el miedo son sus menores desafíos; para alcanzar esas metas soñadas y cumplir con las promesas hechas, renuncia así mismo. Él se abandona primero, antes de abandonar a los suyos en sus tierras de origen. *"Tú sales de tu país buscando algo y después, tú ni eres de aquí, ni eres de allá"*, concluyo.

Otra cosa también merece analizarse: no todos emigramos de la misma manera ni en la misma época. Unos salen del país porque tienen una beca de estudio y lo hacen en una época en la que todo está más accesible. Eso no desmerita el esfuerzo y la valentía que tienen ellos; pero otros salimos en tiempos en lo que todo es "cuesta arriba", sin dinero y sin destino cierto, sorteando todo tipo de dificultades. A eso,

¿qué valor le damos? ¿Representa una diferencia digna de consideración?

Antes la dificultad nos impulsaba, y nos decíamos: "yo quería volar", recuerdo. Quise estudiar inglés y lo logré; vi la necesidad de terminar mi bachillerato y lo hice. Decidí aprender a coser para ganarme la vida y con eso salí adelante; aprendí francés a los golpes y a los golpes tuve que abrirme camino en mi vida. Ahora hay muchos jóvenes que con menos que eso se cansan y no aprovechan las oportunidades; pero si me preguntas qué es lo que me ha ayudado a atravesar todo esto, te respondo: la determinación.

Es cierto que me considero como una mujer *"qui a de la chance"*, es decir, que tiene suerte; pero más allá de eso, soy determinada. Eso me permite decir que no importa qué situación se te presente, si tienes ese don lo logras todo.

Solo así se pueden vivir dos procesos simultáneos tan fuertes, casi devastadores, porque migrar no es un proceso, son dos. Uno, el que vives para dejar tu tierra. Otro, el que vives para adaptarte a la nueva tierra. En este aspecto confieso que todos los días he tenido una lucha constante interiormente, más allá de la exterior que ya he contado. En esta lucha también se está solo, sin familia y sin amigos. Sola conmigo.

Emigrar revela muchas verdades y de una manera muy cruda. Por ejemplo, salimos de nuestros países creyendo que afuera vamos a resolver todos nuestros problemas con una varita mágica, ¡eso es mentira! Nosotros, los que emigramos nos estrellamos contra esta realidad, ¿lo hacen así también los que se quedan en sus tierras esperando nuestra ayuda?

Testimonio de Rosa Yocasta Lorenzo

"En las garras del infierno"

La migración como escenario de compra y venta de seres humanos

El testimonio de una sobreviviente de trata que desafía su destino

Nací de una madre profesora y de un padre miembro de la Policía Nacional; "papi" y "mami", los llamaba. Ella fue siempre un ejemplo impecable de preparación ya que, además de ejercer su profesión, aún los sábados iba a la universidad para avanzar en su maestría o bien para participar en el círculo de estudios al cual pertenecía. Treinta y tres años de su vida los dedicó infatigablemente a su carrera. Él era un poco más cercano conmigo, *"tú creaste tu monstruito";* le decía a mi padre, dada nuestra complicidad y al carácter férreo que él estaba forjando en mí, me criaba "como para la guerra", sin miedo. Sin embargo, al estar también tan dedicado a su trabajo, solo lo veía en las tardes, y los domingos. Crecí en medio de dos hermanos varones, uno mayor que yo y otro menor, pero eso nunca definió mi lugar entre ellos, era y soy aún la líder, a la que todavía piden consejos y referencias sobre las cosas. San Cristóbal y Pueblo Nuevo, ambos en República Dominicana, fueron los escenarios que impulsaron más mi temperamento y liderazgo, en esa etapa.

Cuando apenas cumplí seis años fui inscrita en el Instituto Politécnico Loyola, el cual, hasta ese momento, era solo para hombres jesuitas; por lo tanto, fui una de las primeras mujeres en ingresar. Aunque de niña me habría encantado ser bailarina de ballet, para mí no fue difícil integrarme a esta escuela, gracias a mi capacidad para proyectar masculinidad y liderazgo. Las condiciones de vida tampoco favorecían la realización de mis sueños infantiles, sino que me daba la sola opción del vóleibol y otros deportes, así que me adapté, incluso, me serví de ello para configurar los demás roles que me tocó desempeñar. Por ejemplo, fungí como la sustituta de "mami" en labores como terminar las comidas que ella dejaba adelantadas antes de irse a la universidad, corregir exámenes o sustituirla en sus labores como docente, entre otras tareas diversas. También fui yo quien asumió la responsabilidad de protegernos, cuando los muchachitos molestaban a mis amiguitas o a mis hermanos; quizás, de estar más presente, "papi" se habría encargado de esto. ¿Quiénes debían firmar los avisos por mala conducta o de examen reprobado que la institución enviaba? Ellos, pero no estaban. Así que, bajo la necesidad de resolver las cosas por mí misma, falsifiqué sus firmas.

La ausencia parental se marcaba más cuando no era llevada a la escuela de la mano de uno de ellos, no solo porque mis demás compañeros de clase disfrutaban de esa presencia, sino también porque al regresar de mis actividades, era perseguida por alguien en un auto. Si bien es cierto que, cuando denuncié este hecho, mi padre me acompañó para encarar a los malhechores, también es cierto que esa protección no fue constante.

No dejo de tomar en cuenta que ellos dieron lo mejor que pudieron: techo, comida y estudios, pero sin querer, faltaron en otras cosas. La vida entonces me resultaba salvaje como en la selva y eso solo lo podía enfrentar con agresividad; si no, los vecinos e, incluso, algún amigo de mi padre, me habrían violado, y no estoy exagerando. Sucias y perversas intenciones quedaban en evidencia cuando, con sus miradas y palabras, me trataban de manera lasciva. Pero a mi auxilio llegó el periodo de la adolescencia, con un empleo de tiempo bastante cargado y con el aumento de mis habilidades, gracias al Taekwondo o a las reuniones de juntas de vecinos y a las campañas de mi abuelo (que era alcalde), donde aprovechaba para socializar, hablar en público y resolver problemas de la comunidad, entre otras cosas.

El ocio no tenía lugar en mi día a día, cuando no estaba en clases de catecismo (aunque no era realmente católica practicante), me ocupaba de mis labores académicas y las del hogar; y, cuando no, estaba en el rol de la Basílica de Loyola; asistía a la iglesia evangélica con mi padre.

"Yo voy a vivir fuera del país, iré a París", dije con 12 o 13 años en la peluquería donde la mamá de una de mis amigas me desrizaba el cabello por primera vez. Lo declaré así, sin razón alguna; pero, antes de hacerse realidad, esto pasaría por muchas experiencias. A los 18 años entré en una relación con un chico y quedé embarazada.

Nos mudamos a una casa ubicada sobre la de mis tíos y, en un ambiente donde debió haberse construido una familia, se destruyó nuestra unión, puesto que él me engañó con una de mis primas.

En tales circunstancias tuve a mi hija y seguí la vida lo mejor que pude con mis estudios de Derecho en la universidad, el modelaje y la incursión en la política. Aprendí a trabajar la estética, incluso, monté mi propio salón de belleza. Por otro lado, comencé una nueva relación. Esta me permitió abrir una primera puerta hacia la migración, ya que él tenía familiares en el exterior que nos ofrecían esa opción y, como mis proyectos no iban tan bien como necesitaba, además con una pequeña de tres años totalmente a mi cargo, la idea se veía muy interesante. Pero dejar a mi hija en República Dominicana estaba resultando una decisión dolorosa de tomar que solo era mitigada porque, de hacerlo, ella se quedaría bajo el cuidado de mi madre. Entonces... ¿atravesaré ese umbral hacia nuevos horizontes?

Sí, volé a otro país, no a Francia como lo había declarado años atrás, sino a Suiza, específicamente a Ticino. Traté de instalarme allá, pero la depresión y la dificultad para tener papeles me ganaron la partida, retorné a mi tierra y a mi hija. Sin embargo, *"la realidad por la cual me había ido me volvió a atrapar"*; allí me preparé para emigrar de nuevo, pero con otro plan, el siguiente. Gracias a la invitación que me hizo la sobrina de una vecina que vivía en la capital, fui a una sesión de fotos donde, la candidata cuyo perfil suscitara interés, sería seleccionada para trabajar en Guyana inglesa, además con la posibilidad de obtener un visado americano. Las perspectivas se mostraban prometedoras, más aún cuando me llamaron.

Dos semanas después, otra chica y yo, tomamos un vuelo con escala en Colombia preparado por la empresa contratante. En la recepción de un hotel nos darían los billetes de avión para continuar el trayecto. Solo debíamos viajar con quinientos dólares (yo llevé mil dólares), pues los demás gastos generados, los pagaríamos con nuestro trabajo, posteriormente.

En esa tierra de transición perdimos tres vuelos y tres veces la "empresa" los reenviaba, acumulándose la deuda con ellos. Tras vernos "varadas", un caballero nos ofreció estadía en su casa para que, en la fecha del próximo vuelo, fuéramos depositadas en el aeropuerto. Pudimos continuar con el viaje, pero el escenario que encontraríamos era totalmente inesperado.

Cuando el sistema te convierte en un artículo negociable

En Georgetown, fuimos recibidas en un "night club", a secas. En él, más de 20 mujeres dominicanas hacían, como yo, acto de presencia. *"¿En qué iba a trabajar allí y cómo iban a darle empleo a tantas mujeres?"*, me preguntaba al darme cuenta de que no me presentaban en una agencia como me lo habían prometido. La respuesta era evidente al ver a otras jóvenes en bikinis y tacones bailando provocativamente en un tubo, frente a los hombres que les tiraban dinero. *"¿Y el famoso documento americano?"*. Nada más que un visado para Guyana inglesa, que nos renovarían mensual o trimestralmente. ¿Cómo describiría este ambiente? *"Un infierno de alcohol, drogas y mujeres perdidas, donde moría gente en medio de los tiroteos que frecuentemente se producían"*. Irme de allí era imposible, hasta que les pagara la suma adeudada que, no sé cómo, había alcanzado los más de seis mil dólares. Sin contar que todo gasto de manutención que generaba y mi urgencia por enviar dinero a República Dominicana, era una necesidad latente que me condenaba a pasar alrededor de tres meses realizando esa faena.

De seguro la opción de seguro la opción de escapar pasaría por tu mente en una situación así, pero los ojos y las cámaras de seguridad nos tenían vigiladas sin cesar; constantemente los imponentes guardias acordonaban el lugar. De manera que asumí la situación con calma, aplicando el temple que mi padre me había enseñado: *"¡A trabajar y a bailar, si hay que bailar!"*, me dije. Lo hacía por ellos, lo hacía por mi hija, aunque nunca les conté lo que estaba pasando. Vi durante ese tiempo a la mafia mover todos sus tentáculos y cómo a otras mujeres las llevaban en helicópteros a sitios escondidos (como minas de oro, por ejemplo), para satisfacer sus más sórdidos deseos con ellas.

Cabe relatar que, en aquel período, uno de los "jefes" se enamoró de mí; por lo que, aproveché esa situación para ganarme su confianza y no entregarle mis documentos de identidad, como otras sí se vieron obligadas a hacerlo. También, esa dinámica me ayudó para dormir en otro sitio que no fuera ese establecimiento. Pero ¿pude así escapar de prostituirme? Lamentablemente, no. Cada día debía producirles 50 dólares. Al pagarles esa cifra sería libre. Pero, teniendo otras necesidades, como ya lo he dicho, la solución era evidente: trabajar por más. Obviamente no era fácil trabajar allí y lo que lo hacía aún más complicado eran las redadas policiales que se producían constantemente. Por un lado, nos evitaba, ese día, caer en las manos asquerosas de nuestros clientes, pero, por otro lado, nos obligaba a escondernos durante días en hoteles; retrasando, además, nuestro camino hacia la libertad.

En cierta ocasión, un agente de seguridad del lugar me dijo que uno de los clientes quería conocerme; fui al encuentro, pero no sola, llevé conmigo a la chica con la que vine desde mi país. Este hombre pagó mi salida del lugar para llevarme a otro lado y entonces, conversando, supo que no quería seguir con esa vida. *"No te preocupes, yo me voy a encargar de todo, tú no vas a tener que regresar allí, solo irás para recoger tus maletas"*, prometió. Al día siguiente, con la cantidad que yo debía, nos llevó de regreso, a mi amiga y a mí, al sitio de "trabajo". Mi corazón palpitaba aceleradamente en mi garganta al no saber cómo iba a terminar la negociación de mi persona; mi vida estaba en manos de esos hombres y del ejército de guardaespaldas fuertemente armados que los acompañaban. Mi compañera, porque la suerte no le tocaba a ella y, quizás, porque le encontraba conveniencia a continuar allí, decidió seguir en esa actividad y en el mismo lugar.

En lo que a mí respecta, al salir de allí, tuve que esconderme en un hotel para que aquellos a quienes dejaba no supieran de mi paradero e intentaran recuperarme, o matarme. Solo dejaba la habitación, cuando mi benefactor me enviaba a su chofer para llevarme a sitios donde hacía sus negocios. De tanto frecuentar ese ambiente, terminé por asquearme de la vida nocturna.

Durante el mes que pasé en ese hotel preparé mi siguiente paso; pues, no quería regresar a mi país. Hablaba con mi familia y les contaba que estaba bien, trabajando en un salón, pero, que era hora de irme de allí. *"Dame tu pasaporte para comprarte el pasaje para República Dominicana, tengo que irme a Canadá y tú no puedes seguir aquí"*, explicó mi "nuevo dueño"; sin embargo, mis planes eran otros.

A través de un contacto, me habían hablado de la Guyana francesa y de la "oportunidad" que me esperaba allá si decidía ir. Había conseguido dinero prestado y planifiqué salir secretamente del hotel a las 4:00 a.m., antes de que fueran por mi pasaporte. Del taxi pasé a una embarcación precaria que me transportó hasta Surinam. Allí fue necesario esperar hasta la noche en casa de una persona, para continuar mi travesía pues, no teniendo visa, debía cruzar la frontera de la manera más discreta posible. *Saint-Laurent-du-Maroni*, fue la ciudad a la que llegamos, después de pasar distintos tipos de peligros, sobre las aguas y por la compañía de la gente con la que iba. El siguiente movimiento fue continuar en taxi hacia Cayena, mil euros me fueron requeridos para pagar la falsa identificación que me permitiría evadir sin problemas el control fronterizo, y así fue.

En Guyana, pasamos la primera madrugada en un hotel; a partir del día siguiente, pernoctamos en una casa de condiciones bastante precarias, en cuyo patio se situaba el baño compartido por tres familias haitianas. Sus paredes de tabla nos resguardaban del calor ardiente, pero dormíamos en el suelo de tierra, sobre un colchón. Mis acciones inmediatas fueron buscar trabajo en un salón de belleza y pedir asilo político. En mi empleo solo ganaba 400 euros, no mucho, pero al menos era muy bien tratada por la propietaria y por sus hijos. Mi contrato solo me ocupaba tres días por semana, pero tratando de evitar el ambiente paupérrimo de la casa donde estaba viviendo, trabajaba cinco días. El salón *"era mi desestresante"*. Con el tiempo pude mudarme con una amiga que me había hecho, pero pronto me echó, porque el espacio que compartíamos era muy pequeño y, con su nueva pareja, aún más.

Paralelo a todo esto, conocí al hombre que se convertiría en el padre de mis hijos. Yo no daba mucha oportunidad a la relación, porque quería irme, pero él me convenció de no hacerlo aún, y me propuso vivir en un apartamento que tenía disponible. Acepté la propuesta.

Respecto al asilo político, una vez convocada a la prefectura para tal fin, me presenté y, conmigo, de manera espontánea y natural, llevé toda la carga emocional que pesaba sobre mis hombros. Las lágrimas hacían un río y con clamor conté mi historia. Recordar a mi familia me desgarró y me sumió en la más profunda depresión. "Abandoné todo... ¡Dios mío, dejé todo en mi país! Yo no estaba tan mal como para haberme desesperado tanto, no me di cuenta de que la vida que tenía era la que me correspondía", reflexioné finalmente. La medida de la prefectura se pronunció a mi favor y pasé a ocupar desde ese entonces, un nuevo estatus legal; pero esto no lo supe al momento y, al no seguir los pasos correspondientes, bloquearon los beneficios que me habían otorgado por dos años.

En ese tiempo nació mi hija, y luego volví a salir embarazada. Entretanto, los sábados me puse a estudiar francés en la Alianza Francesa. A través de una funcionaria que conocí, escribí una carta al prefecto para obtener información sobre mi situación administrativa y gracias a su respuesta fue que pude entender todo. A partir de allí, dos opciones me fueron propuestas: aceptar el estatus de asilada política o, regularizarme por el derecho que el nacimiento de mi hija (en territorio y de padre nacional) me otorgaba. Otros dos caminos me ofreció mi marido al saber que no quería seguir en Guyana: el primero, irme a Miami y, el segundo…

"Tú eres una imbécil, tú estás allí por mí, todo lo que tú eres es por mí". Frases comunes dentro de la violencia psicológica.

Una auto profecía de vieja data estaba por cumplirse. Dos semanas después de la propuesta de mi marido, escogí la segunda opción, irme a Francia. En París me instalé; aproveché de inmediato mis ganas de crecer y saqué el permiso de conducir. Una amiga, que también había venido de Guyana a hacer sus estudios, y a la cual alojé conmigo, me ayudó con el cuidado de los niños cuando salía a trabajar en Mc Donald´s. Quince horas era el tiempo que dedicaba a ese empleo, y en apenas pocos meses, gracias a mi entrega y entusiasmo, me posicioné como jefa de equipo.

El aumento de mi jornada laboral exigió que contratara a una niñera que mi pareja pagó; sin embargo, él mismo me puso en situación de *ultimátum*: *"¿o te vienes a Guyana o te quedas en Francia?"*, *"Para atrás ni para coger impulso"*, le dije; y desde ahí el hombre comenzó a hacerme la guerra actuando de la siguiente manera: el alquiler de la casa era de 900 euros, y él pasó a abonarme la mitad de lo que acostumbraba darme, él pasó a darme la mitad de lo que me daba, y después la mitad de la mitad. Lo redujo todo para que regresara a Guyana, *"tú eres una imbécil, tú estás allí por mí, todo lo que tú eres es por mí"*, recalcaba. Si bien era cierto que cuando él me conoció estaba vulnerable y que, gracias a su apoyo pude levantar vuelo, también era cierto que siempre hice mérito de las ayudas recibidas. No contento con ello, me acusaba de tener otra pareja, cuando yo no hacía más que trabajar y criar a mis dos hijos pequeños. Llegó a Francia y se me apareció en el trabajo sin avisar, celoso y rabioso.

Tuve que ponerle una orden de alejamiento. *"Mi vida era un desastre. Estaba llena de deudas y en una profunda depresión"*, como consecuencia de su violencia y amenazas. Busqué apoyo jurídico y el Estado me asignó a un abogado. A las tres citas que nos acordaron él no asistió y, en su ausencia, el juez determinó los momentos en que él podía visitar a sus hijos, y además de una pensión para ellos.

"Ese amor no se ve por cámara"

Al término de tres años en Francia, pude ir a ver a mi familia en República Dominicana. *"Llegué de sorpresa un día antes de lo previsto, para mí fue un choque, porque encontré a mamá más vieja y a la niña más grande"*. Sentí que había una gran diferencia entre la pequeña que dejé y la adolescente que encontré. Mis sentimientos eran de vacío existencial y de culpa. Por más que quise no pude recuperar el tiempo, siento que el nudo entre nosotras se desató. Es verdad, que durante todo este tiempo nos comunicábamos por teléfono, y a través de otros medios; pero, *"ese amor no se ve por cámara"*. *"Es un vacío que no puedes llenar, es un tiempo que no reemplazas con nada, es un tiempo muerto"*. La distancia la volvió casi irreconocible cuando nos reencontramos a sus 13 años. *"Al final he aprendido a vivir con este vacío que nada lo llena"*.

De lo que dejé una vez en República Dominicana nada pude traer conmigo a Francia. Mi padre ha seguido el camino inevitable de todo ser humano, tras fallecer de un infarto; desde entonces he lamentado profundamente haber vivido lejos de él durante tanto tiempo. Mi madre sigue envejeciendo y mi hija haciéndose adulta, sin poder compartir con ellas una cotidianidad. Solo mi identidad y herencia cultural siguen conmigo a donde quiera que vaya. La migración me ha enseñado mucho, ha sido una experiencia que va más allá de conocer otros países.

Ahora que te he contado mi historia, quisiera, con más detenimiento, hablarte de lo que he aprendido: comienzo por remarcar la importancia de no actuar por impulso, y de antes de tomar una decisión, y de ponerse en manos de extraños, se debe investigar bien cualquier oferta que se reciba. Que el hambre y la desesperación no te hagan caer en trampas cuyo precio será más grande que aquel que suponen las dificultades en tu país. Esto incluso me ha ayudado a valorar a ese terruño de origen y a mi identidad como dominicana; pues, una, que vive en tierra francesa, sigue siendo dominicana. Gracias a mi experiencia, hoy reivindico con orgullo mis raíces, a pesar de mis papeles europeos. Siento que he venido a aportar lo que mi tierra me ha dado y a no perder eso por vivir aquí. Lo que he atravesado me hace empatizar con los demás inmigrantes y, por ello, mi deseo es trabajar para mi comunidad, ayudándoles a encontrar su lugar entre esta gente que, si bien te admiten, a veces te hacen sentir como fruto de un árbol diferente. Como líder político, quisiera alimentar la fe de mi pueblo y ayudarles a mantener la esperanza durante sus luchas.

Otro aprendizaje, me hace hablarles directamente a las mujeres para decirles que no se dejen pisotear por esos hombres manipuladores y egoístas que les venden sueños falsos. Para eso es de vital importancia reconocer las señales que Dios nos manda. *"Si hubiese entendido eso cuando estuve en Colombia y perdía los vuelos, no habría seguido ese viaje, y mi historia hoy, sería otra"*.

La falta de madurez y la visión errada de derrota si regresaba al país sin haber logrado mi meta, me llevó tercamente a pasar por todo esto. Tales declaraciones resumen, en parte, lo que he aprendido. Y aunque soy consciente de mis errores, también soy realista y miro un mundo de nuevas oportunidades a cada día, por ello me digo: *"lo importante es que estoy aquí, viva; estoy aquí para contarlo y alzar mi voz para que otras mujeres no continúen cayendo en la trampa"*.

Capítulo 4

Viaje de ida al infierno

Recientemente fui invitada por la embajada de la República Dominicana en Francia y por su consulado en París para impartir la conferencia: "La migración como escenario de la violencia de género". *"Cualquier circunstancia que haga más vulnerable a la mujer, aumenta su riesgo de sufrir violencia de género, y ser migrante es justamente una de esas situaciones; por esto me atrevo a afirmar que la migración es un fenómeno que desafortunadamente ofrece a la víctima en bandeja de plata al maltratador",* fue lo que expuse delante del público. Aunque para ilustrar mejor este punto me gustaría proponerte otro ejercicio de imaginación:

Un hombre se ofrece a ayudar a una mujer en sus trámites administrativos, hasta ahora un escenario que no comporta ninguna violencia. ¿Pero qué ocurre si tomamos en cuenta las características particulares del caso? Resulta que ella es inmigrante en un país donde no tiene permiso de residencia, ni de trabajo, por ende, aunque lucha, no tiene ingresos suficientes para satisfacer sus necesidades, lo cual la hace depender económicamente de este hombre. Resaltemos entonces sus circunstancias antes de continuar: está lejos de su familia, vive la angustia de ser deportada, no tiene dinero, no tiene casa propia, no tiene amigos. Todo esto se resume en una total dependencia económica y emocional, situación donde la Psicología postula lo siguiente: *"la dependencia fomenta el abuso".* Cuando nuestro sujeto le exige algo a cambio, por más indignante que pueda ser, ella se ve obligada a hacerlo o a correr el riesgo de quedarse en la calle. Es allí donde los insultos, la manipulación y la humillación hacen de las suyas e instauran la violencia, que incluso puede llegar a extremos como violaciones y otros tipos de vejaciones físicas, como la esclavitud, la prostitución, etc.

Pero también, ocurren oportunidades en los que ella se revela, saca fuerzas de lo más profundo de su ser y se abre un camino donde solo había zarzas y lodo. En este tipo de valiente heroína podemos incluir a Ángela Martínez, una mujer de personalidad chispeante y poseedora de una tenacidad admirable. A ella la conocí en una actividad de la comunidad dominicana en París. Su capacidad para liderar grupos me resultó evidente y su actitud imperturbable ante los desafíos, un resultado de todo lo que ha aprendido a lo largo de su vida. Nunca imaginé, que detrás de tanta alegría, se escondiera una historia con tantos matices y aprendizajes.

Dentro de los diferentes abusos antes mencionados, quisiera hacer énfasis, en la trata de personas. La Organización de las Naciones Unidas (ONU) define este fenómeno como:

"El reclutamiento, el transporte, la transferencia, acogida o el recibo de personas, por cualquier medio, para la explotación laboral o sexual, la esclavitud o prácticas similares, la servidumbre o la remoción de órganos".

Según la Oficina de las Naciones Unidas contra la Droga y el Delito (UNODC), se estima que hay alrededor de 25 millones de víctimas de la trata de personas en todo el mundo y la mayoría de las víctimas son explotadas en la industria del sexo, seguida de la explotación laboral y la esclavitud moderna. La trata de personas es un delito altamente lucrativo, que genera alrededor de 150 mil millones de dólares en ganancias anuales para los traficantes. Es importante destacar que estas cifras son estimaciones y que es un delito subestimado y poco denunciado, por lo que las cifras reales podrían ser mucho más altas.

El testimonio de Rosa Yokasta Lorenzo, activista político, es una evidencia del compromiso de una mujer que ha logrado escapar del mismo infierno, alzar su voz para que otras mujeres pongan señales de alerta y no caigan en las garras de los traficantes.

Capítulo 5

El espíritu aventurero que me salvó

Testimonio de Marino Jiménez Mercedes

"Ya no más, ya está bueno de jugar con la suerte"

La importancia de reconocer lo que motiva nuestras decisiones y saber aferrarse a aquellas que nos llevarán a buen puerto

"...él me agarró y me subió a su moto..."

Las cuatro travesías de Marino nos muestran la fibra inquebrantable de la que está hecha su espíritu y de cómo su fe, ímpetu y sentido práctico lo sostuvieron ante tormentas mortales.

Llegué a este mundo en la provincia de María Trinidad Sánchez, República Dominicana. Mi crianza no estuvo a cargo de mis progenitores, porque se separaron cuando yo tenía apenas dos añitos, fueron mis ascendientes maternos quienes se ocuparon de mí. Mi padre se convirtió en persona "no grata" para mi madre, la cual, cabe destacar, era una mujer celosa, desafiante e inconforme con el aporte económico que mi padre podía ofrecerle. Bajo este motivo ella se sintió con el derecho de impedirle verme, pero eso no fue suficiente para apartarle de mí.

En una ocasión, la impotencia que sentía mi padre le llevó a intentar robarme para que viviésemos juntos; *"recuerdo que ese día estaba jugando con unos amiguitos en el patio, él me agarró y me subió a su moto, pero los vecinos lo detuvieron, y según me cuentan, fue necesario protegerlo para que no lo lincharan"*. De pequeño, vivía a solo 200 metros del litoral, playa que años más tarde sería testigo de mi primera expedición. En ocasiones, mis primas pasaban a verme y se iban con profunda tristeza al ver grabadas sobre mi piel, las inclemencias de la precariedad. Los forúnculos o "nacíos" (como solíamos llamarlos en el campo), las picaduras y la desnutrición, habían hecho nido en mi escuálido cuerpecito.

A partir de los cuatro años me llevaron a vivir a donde mi bisabuela, que a su vez estaba cerca de la casa de mi abuelo; y dado a que su actividad era la agricultura, desde los seis años de edad me vi involucrado en esta labor. En la mañana lo acompañaba a la finca, y cuando el reloj marcaba las 11:30 a.m., él me decía: *"vete a cambiar para que vayas a la escuela"*. En las tardes, por el contrario, comía y dormía donde mi bisabuela. En los primeros cursos de primaria fui tan bueno que los profesores salían a mostrar mis letras a los demás salones de clases. Me destaqué tanto en el dibujo a lápiz que cuando se requería hacer un mapa, flores o cualquier ilustración de la anatomía humana, siempre era el elegido. Sin embargo, al llegar al bachillerato, mis calificaciones bajaron debido a que tenía otras distracciones: *"Estaba enamorado de una mujer casada y con dos hijos"*; no obstante, concluí mis estudios secundarios con éxito.

En mi etapa de adolescente se hizo cada vez más presente en mí la necesidad de tener contacto con mi padre y, estando más grande, pude buscarlo sin interferencias de mi madre. Una vez que lo encontré empezamos a recuperar el tiempo perdido, conversando por horas y horas. Él no solo se encargó de darme la vida, sino también de hacerme sentir un hijo amado.

"...solo quería sentirme como un macho", ¿cuántas de nuestras motivaciones no son más que el placer de la adrenalina?

Mi adolescencia también estuvo marcada por los amores imposibles. Una muestra de arrojo e imprudencia de mi parte, fueron mis andanzas con "una chica prohibida". Recuerdo que para nuestra primera cita reuní 200 pesos y la invité a pasear. Llegamos a un quiosco, tomamos unas cervezas y ahí aproveché para acercar su silla a la mía, en un acto de camaradería varonil. Simplemente, no tuve temor, no necesité medir el peligro, solo quería sentirme como "un macho". Pasaban los días y las citas clandestinas cada vez eran más frecuentes y arriesgadas, tan arriesgadas, que llegué no solo a visitarla a su propia casa, sino también a acostarme en la cama que compartía con su pareja oficial. En tres ocasiones, su marido nos encontró en pleno acto. Como resultado de eso, pasé por tres intentos de homicidio, varios disparos me persiguieron, y afortunadamente, siempre lograba escapar... aunque, no tan fácilmente. El momento más traumático fue aquel en el que, a las 12:00 a.m., caí en una cisterna y estuve por más de cinco horas intentando salir. En su interior había sapos, ranas, y todo tipo de suciedades; era demasiada honda para alcanzar el borde, de manera que solo lograba sacar la nariz a la superficie para poder respirar. Al tocar el fondo, hallé la solución: una varilla con la que abrí un hoyo en sus paredes, metí los pies y escalé hasta salir. La ropa blanca con la que accidentalmente ingresé allí se volvió negra y pestilente. Esta no sería mi última aventura de este tipo, pero hay mucho más de mi vida que también me gustaría relatar.

"¿Qué era lo que me carcomía por dentro?"

Con el tiempo un sueño vino a ocupar mi mente y mi energía, el de convertirme en cadete. Mientras veía los anuncios, me visualizaba lográndolo, así que me dispuse a participar en los exámenes de aspirantes al Ejército Nacional. Participamos 1900 candidatos bajo convocatoria, de los cuales solo 900 resultaron electos, yo entre ellos. Lamentablemente, solo pude cursar parte del entrenamiento, porque los abusos de poder de compañeros de mayor rango trabaron mi progreso. Corría el año 1991. Estaba iniciando los entrenamientos, cuando fui encargado de llevar una comunicación y no me percaté de la presencia de un teniente delante del cual pasé sin la debida pleitesía: *"Usted, animal del diablo, no me hizo el saludo"*, vociferó.

No bastó con pedirle disculpas, sino que desde allí me hizo experimentar las peores humillaciones. Pasé semanas con derecho a una sola comida al día y otras sin poder dormir; bajo el sol inclemente, con hambre y sueño, me desmayé varias veces, lo cual empeoró mi situación en vez de suscitar la más humana de las treguas. Esto no se trataba de disciplina, evidentemente era puro hostigamiento y, eso, en una ocasión, tras empujarme, me llevó a romperle los dientes al teniente. Terminé siendo expulsado por "mala conducta". Mi salida de la academia fue un golpe muy duro, me sentí fracasado, con el ego herido y sin esperanzas. Regresé cabizbajo y derrotado para retomar las labores de agricultura en la finca de mi abuelo. Como era de esperarse, ciertas personas al desconocer el verdadero funcionamiento del ejército empezaron a sacar sus propias conclusiones sobre mi expulsión.

Por el contrario, mi familia tenía mejor concepto de mí, y se reforzó cuando, un año después, conseguí una carta de un coronel para pasar los exámenes de ingreso en la academia de la Policía Nacional. Médicamente no me fue posible debido a una várice muy expuesta que desarrollé en la parte trasera del muslo derecho. Esta noticia me volvió a devastar, y nuevamente me interné en el campo para cultivar arroz. A pesar de que mi abuelo era uno de los agricultores más prósperos en su sector y aunque como familia nunca nos faltó nada, yo anhelaba otro tipo de ambiente… ¿Qué era lo que me carcomía por dentro? Algo que me decía que mi vida era otra, diferente a la del campo.

Por ello, cuando por primera vez empecé a escuchar sobre viajes ilegales, me interesé por el asunto. En aquella oportunidad escuché hablar sobre una hijastra de mi abuelo que hipotecó una tierra y pidió dinero prestado para irse a España. *"Estoy pensando en irme a la capital, Dios no lo quiera, usted se muere y yo quedo en el aire y no voy a tener ningún tipo de derecho porque no soy hijo suyo"*, le dije al abuelo, a lo que él respondió: *"no te preocupes Maro, yo te voy a pagar el viaje para que te vayas a España"*. Luego no tardamos en enterarnos de que en España no había trabajo, y cerramos esa posibilidad, pero no otras.

Un día, un hermano de mi madre me propuso: *"Si quieres irte a Puerto Rico, dime, sé que hay gente preparando unos viajes"*. Para ese entonces, el traslado costaba cinco mil pesos, de los cuales solo pagaría tres mil. Este descuento lo obtuve gracias a mi abuela materna y a un primo que conocía al capitán. Lo que también me animaba a esta aventura fue que mi abuelo estuvo totalmente de acuerdo y me relató, incluso, sobre otros familiares que habían logrado llegar sanos y salvos a tierra firme. Además, en ese entonces se registraban migraciones masivas hacia Puerto Rico de viajeros que iban con niños y personas mayores.

"Hay que tener el corazón bien pegao para sobrevivir a esto"

En este punto es de imaginar que te preguntarás, ¿qué llevé como equipaje en esta expedición? En una funda negra metí pastillas para los mareos, dos *T-shirt*, un pantalón, 60 dólares, la dirección de una de mis tías, cinco números de teléfono de familiares y el salmo 91 impreso que me fue regalado por una vecina que me apreciaba mucho. Lo repetí una y otra vez, el día antes de embarcar y un día después.

1 El que habita al abrigo del Altísimo Morará bajo la sombra del Omnipotente.

2 Diré yo a Jehová: Esperanza mía, y castillo mío; Mi Dios, en quien confiaré.

3 Él te librará del lazo del cazador, De la peste destructora.

4 Con sus plumas te cubrirá, Y debajo de sus alas estarás seguro; Escudo y adarga es su verdad.

5 No temerás el terror nocturno, Ni saeta que vuele de día,

6 Ni pestilencia que ande en oscuridad, Ni mortandad que en medio del día destruya.

7 Caerán a tu lado mil, Y diez mil a tu diestra; Mas a ti no llegará.

8 Ciertamente con tus ojos mirarás Y verás la recompensa de los impíos.

9 Porque has puesto a Jehová, que es mi esperanza, Al Altísimo por tu habitación,

10 No te sobrevendrá mal, Ni plaga tocará tu morada.

11 Pues a sus ángeles mandará acerca de ti, Que te guarden en todos tus caminos.

12 En las manos te llevarán, Para que tu pie no tropiece en piedra.

13 Sobre el león y el áspid pisarás; Hollaras al cachorro del león y al dragón.

14 Por cuanto en mí ha puesto su amor, yo también lo libraré; Le pondré en alto, por cuanto ha conocido mi nombre.

15 Me invocará, y yo le responderé; Con él estaré yo en la angustia; Lo libraré y le glorificaré.

16 Lo saciaré de larga vida, Y le mostraré mi salvación.

A las 11 a.m. la embarcación encalló en el litoral, en ese momento solo subí yo junto a los dos ayudantes del capitán. Lo más pronto posible, nos lanzamos mar adentro para que ninguna otra embarcación pudiera divisarnos. Estuve una semana anclado en el mar, bajo el sol y el sereno. Mi primer día fue solo de vómitos, porque no estaba acostumbrado al movimiento de las olas. El segundo día, estaba más adaptado, pude hasta hacer una siesta en la patera. Sufrimos de mucha insolación, el sol nos penetró y nos maltrató hasta que pasamos por otro punto de encuentro y recogimos a más pasajeros en Playa Rincón, entre las Terrenas y Sánchez. Ahora éramos más de 90 personas a bordo, entre ellos, mujeres de diferentes edades y hombres de más de 60 años, además de la comida y gasolina necesarias para la travesía. Lo que me infundía confianza era que dos de los ayudantes del capitán eran mis primos. Ellos me llamaban "cadete". Todos me decían, *"este tipo ta' preparao para la aventura"*, y es verdad que, gracias al entrenamiento recibido en la academia, gozaba de buena condición física.

En nuestra jornada inicial de navegación, solo veíamos agua por todos lados, un mar de mucha calma bastante parecido a un campo de fútbol; hasta que, al llegar la noche, nos aproximamos a lo más parecido a las profundidades del infierno que podíamos encontrar en esa ruta, el temible Canal de la Mona. Es menester señalar que en este punto se juntan dos masas de aire que provocan olas más bravas, el paisaje marino cambió por completo. De repente vino a nosotros una ola enorme que nos dejó literalmente en el aire; al caer, no sabíamos si íbamos a seguir flotando o si íbamos a perecer. *"Hay que tener el corazón bien pegao para sobrevivir a esto, hay gente que cierran los ojos y no los abren hasta llegar... hay quienes se vuelven creyentes, aunque nunca hayan orado"*.

Algunos sufrieron de ataques de pánico, pero, menos mal, nadie se lanzó al agua; otros perdieron el conocimiento o bien, la cordura, al punto de hablar incoherencias. Mi tía, por ejemplo, me decía: *"Detenme ese motorista para que me lleve a mi casa, que mamá le paga"*, otra señora gritaba, *"tengo calor, me quiero bañar"*, o *"tengo hambre, ¿porque no han cocinado?"*, entre ellos, alguien, hasta armó pleitos. Ante tal evidencia no era necesario ser psicólogo para diagnosticar de delirantes a aquellas mentes navegantes. Durante la odisea hubo quienes metieron la cabeza entre las piernas y ni siquiera la sed y el hambre los hacía volver en sí, ante el riesgo de la deshidratación tuvimos que obligarlos, al menos, a beber.

Como el espacio era limitado, una parte iba de pie y, la otra, para sentarse, tenían que esperar turnos; "como sardinas en lata" pasábamos las horas, entumecidos a causa de la poca movilidad. Otra dificultad que teníamos era la falta de excusados y duchas; para efectuar nuestras necesidades fisiológicas, teníamos que cubrirnos con sacos, evacuar en una cubeta y lanzar el desecho al mar, no sucedía lo mismo con los malos olores que tuvimos que aguantar. Permanecimos todo el viaje sin bañarnos. Sin embargo, la idea de transportarnos en una embarcación bien construida con 275 caballos de fuerza era un consuelo al que aferrarnos, y esa capacidad que se vio duramente a prueba durante las cinco o seis horas que nos tomó salir del Canal de la Mona, nos mantuvo a flote.

Una construcción de menor envergadura no habría soportado la fuerza inclemente del mar. Cada vez que saltábamos en el aire, el sonido del aplauso retumbaba en el horizonte. Cuando rompía el alba se repartía comida: pan, una rueda de salami y una tableta de chocolate. Otros engullían sus raciones de espaguetis con plátano hervido acompañados de una malta morena. Estábamos repartidos en varios grupos dependiendo de nuestra procedencia. Supe, en determinado momento, que parte de la tripulación eran delincuentes, gente de las más buscadas en Estados Unidos, y asesinos, entre otros.

Eran las 09:00 p.m., cuatro días después, cuando arribamos a tierra extranjera. En este punto, me gustaría destacar, que en los viajes en "yola" o "pateras", hay un 50 % de probabilidades de morir o sobrevivir. Estas embarcaciones son construidas en el monte y, aventurarse a emigrar en ellas, es literalmente "jugarse la vida". Hay tantas situaciones que pueden salir mal, que la suerte se convierte en una extraña visitante. El golpe de las olas puede destruir la nave y si el capitán no es muy diestro, puede, incluso, extraviar su ruta.

Las travesías por lo general duran tres y hasta diez días, o más, dependiendo del punto de partida, de la ruta y de la potencia de la embarcación. Para ir a Puerto Rico, por ejemplo, se requiere atravesar, o no, el Canal de la Mona; o se elige ir por Los Cuatro Vientos, ruta también conocida como "por fuera de los canales".

Las embarcaciones son abandonadas al llegar a su destino, por esto cada viaje requiere de la construcción de una nueva. Algunos de los conductores tienen documentos y pueden retornar a República Dominicana sin ningún problema. Otros piden una carta de ruta y se devuelven sin más al país. En aquella época podías simplemente ir al consulado y decir: *"Me quiero ir a mi país y tengo el dinero para comprar mi vuelo"*. Así, sin muchas interrogantes y con un nombre falso, te toman las huellas dactilares, una foto y listo. Con la llegada de la tecnología y de los nuevos métodos de control, esto no es viable.

"...muchas veces la migración se convierte en una oportunidad para la deshonestidad. Tuve todo en mis manos para ser un delincuente y lo rechacé, porque eso no estaba en mi esencia". En nuestras maletas también traemos nuestros valores.

Entonces, nos separamos en tríos para evitar las aglomeraciones que pudieran llamar la atención y nos dirigimos, cada uno, a donde teníamos que ir. Yo salí junto a mis dos primos, a través de un área muy rocosa; luego pasamos por unos arrecifes y llegamos a Lares, un campo donde se cosecha café. Durante la madrugada subimos lomas y lomas sin quejarnos porque agradecíamos estar en tierra y no en el agua. *"Dormí en una mata de mango"*, fue la mejor solución que encontré, ya que desconocía el lugar y temía exponerme. Cuando amaneció empezamos a explorar el área, la experiencia previa de uno de mis primos nos facilitó la excursión. Una casita, se divisó en la distancia y, junto a ella, un sector que se llamaba Aguada.

Como en aquella época no existían los teléfonos móviles y queríamos llamar a nuestra familia para avisarles que estábamos sanos y salvos, nos dirigimos allí para pedir favores a sus habitantes. *"Llegaron los Mojaitos"*, vociferó alguien, y yo volví a subir a un árbol para ver si alguna persona venía. *"Si yo les pito, arranquen"*, le dije a los muchachos. A los diez minutos alcancé a ver dos patrullas y a tres perros dóberman con ellos, con un silbido avisé a los muchachos y nos dividimos.

Mi primo y el otro compañero lograron escapar, mientras que la policía me perseguía, hábilmente salté palizadas para escapar, me alejé tanto, que ellos terminaron por quedar vencidos. Tras kilómetros de carrera, me detuve y entré en el patio de una casa: eran alrededor de las 6:30 p.m. y no hacía otra cosa, sino pensar en llamar a mi familia. Allí me topé con un portorriqueño, le pregunté si podía realizar una llamada. Él, además de responder afirmativamente, me ofreció un sándwich y un galón de jugo, lo acepté, pero con desconfianza porque temía que llamara a la policía. Contrario a eso, me habló de *"Monchito"*, un hombre que transportaba "Mojaitos" por 250 dólares por persona. Le pedí que lo llamara y aunque tenía el corazón en la mano, esperé allí hasta las 8:00 p.m.

Puse mi vida en manos de este hombre al subir a su vehículo sin saber a dónde me llevaría y con qué me encontraría en ese lugar. Al terminar el trayecto, *Monchito* me alojó en una casa que él tenía para estos fines y allí, para mi consuelo, pude reunirme con mis compañeros de travesía. Partimos de esa residencia junto con otros pasajeros hacia Bayamón, un municipio del valle costero norte de Puerto Rico, donde viví varios meses con mi primo. Con el tiempo, comencé a trabajar en distintos sectores de la construcción, poniendo losetas y puertas, pintando casas, haciendo mantenimiento y limpieza e, incluso, en una empresa de fabricación de tanques en acero inoxidable. Al ver mi motivación y mis habilidades, ascendí como pulidor y cortador. Luego de esa temporada con tantas peripecias y reveses, logré estabilizarme económicamente, al punto de lograr hasta 17 000 dólares de ingresos en un mes. Ahora me hallaba remodelando casas. Aunque mi abuelo no necesitaba dinero, algunas veces le enviaba.

La tentación también hizo acto de presencia: *"Me ofrecieron vender drogas y a todo le di la espalda, siempre fui temeroso. Porque muchas veces la migración se convierte en una oportunidad para sacar los diablitos, para la deshonestidad y la maldad en todas sus formas. Tuve todo en mis manos para ser un delincuente y lo rechacé, porque eso no estaba en mi esencia"*. Al estar consciente de eso, aproveché, más bien, la oportunidad de aprender a conducir. Me compré un carrito que me costó 600 dólares, y ¡suerte que no pague más por él!, porque al venir de una noche de fiesta, un borracho me chocó y, ante el miedo a la policía por ser un indocumentado, simplemente, lo dejé botado en medio de la calle.

Tiempo después, decidí buscar a la familia de mi madre, a mi tía, que era el punto original a donde me dirigía en principio, para mudarme con ellos. Esto resultó ser un error en el que caí creyendo que tendría más oportunidades a su lado. Su casa era más pequeña y nadie podía compartir habitación conmigo. En aquel entonces, *"añoraba mucho mi país, mi gente, pero había una parte de mí que se negaba a volver a hacer lo mismo: seguir en el campo, al día a día del lugar, a no volver fracasado"*. *"No puedo regresar a República Dominicana sin nada"*, pensaba, *"debo llevar dinero para vivir de otra cosa"*. Mientras tanto aprendía mucho de engaños, de la vida, de la gente. Puerto Rico representó una escuela en la que *"no fue estar allí, por estar"*.

La migración a veces nos lleva de una tormenta a otra

Cambié de área laboral y así conocí a Maripily, la chica de la que me enamoré profundamente. Estuvimos juntos durante dos años, ella era una mujer celosa, posesiva y yo, al ser un alma libre… la relación no dio para más. Decidí entonces probar suerte en New York, planes a los que ella se había opuesto rotundamente por estar tan arraigada a su entorno. Un martes en la mañana, casi a punto de migrar a Boston junto a una joven familia boricua, aparece la policía, piden mi pasaporte y al hallarme indocumentado, me llevan a la cárcel.

Al día siguiente, fui deportado a República Dominicana, así concluyeron mis cinco años de aventura en la *isla del encanto*. No tardé en descubrir que esta situación fue provocada por una denuncia formulada por mi expareja sentimental. Al ver las consecuencias de su venganza, se arrepintió, me pidió perdón y viajó al menos dos veces por mes para verme, incluso, llegó a pedirme que nos casáramos. Lo hicimos, pero luego decidí divorciarme, porque con ella viví un calvario, sus celos la llevaron hasta a sobornar gente (incluyendo a miembros de mi familia) para que me vigilaran o llegaran de incógnito a determinados lugares con la finalidad de atraparme "con las manos en la masa". En un año llegó a viajar 13 veces, seis de los cuales los programamos los dos y, los otros siete, fueron de improviso, para ver en qué yo estaba.

Resolví irme nuevamente tomando una embarcación desde la costa, donde pasé diez días en alta mar. Ciento treinta y siete personas salimos por la playa de los Gringos de Nagua, entre ellos hubo pleitos con cuchillos, por razones que no se justificaban. En este viaje no atravesamos el Canal de la Mona. Llegamos a Puerto Rico aproximadamente entre las 7:30 a.m. y las 8:00 a.m., estábamos lo suficientemente cerca de la costa para vislumbrar los vehículos que pasaban por la autopista. *"Vamos a quedarnos aquí, aún no vamos a desembarcar"*, anunció el capitán. De repente, una ola gigantesca se levantó frente a nosotros, cuál animal amenazante y nos impactó.

Una segunda, parecida a esta, arremetió contra nosotros y así, una tercera, haciendo al bote filtrar agua de un lado. Alertados decidimos desanclar y movernos, pero si encendíamos los motores, podíamos ser escuchados, la disyuntiva no duró mucho; pues, en fracciones de segundos una nueva ola se echó sobre nosotros como un perro furioso.

Arrancamos los motores, pero, ante tanta presión, se incendiaron; algunos pasajeros se lanzaron al mar para no quemarse y otros cayeron inevitablemente al ser golpeados por los colosos de agua salada. Mientras que las olas se empecinaban en hundir al resto de la tripulación. El hilo, que en el horizonte representaba a Puerto Rico, desapareció por completo; aún se me eriza la piel al recordarlo.

Entre el capitán, los ayudantes y yo nos pusimos a construir un motor, y los náufragos fueron rescatados. No fue sino hasta el otro día cuando pudimos arrancar el motor. Aunque estábamos muy lejos de tierra, la guardia costera nos divisó. A los 15 minutos vino un helicóptero y tres lanchas para rescatarnos. *"Estábamos en muy malas condiciones físicas, nos pusieron sueros y nos echaron frazadas encima. Fuimos deportados en avión, todos proporcionamos nombres falsos para identificarnos. Ninguno podía señalar quién era el capitán del barco, porque podían someterlo a cadena perpetua"*.

Pronto llegaría el momento de intentar otra travesía.

"¡Dale pa'trás que nos vamos a morir toditos!"

Esta vez nos embarcamos en una lancha con unas 25 personas y, aunque se decía que ella podía transportar 60, en tierra seca estaba dejando entrar agua. *"Esto es una locura, esto es un suicidio"*, le dije al capitán. *"No te preocupes, que a esta gente le vamos a dar una vuelta y los vamos a soltar en las terrenas, (lugar muy próximo a donde habían embarcado) porque esta embarcación no soporta tanta gente"*, me respondió. Asustados, temiendo por sus vidas, le rogaban al capitán para que los dejara en tierra, al no poder convencerlos se lanzaron tantos al agua que solo quedamos nueve en la embarcación. *"¡Dale pa'trás que nos vamos a morir toditos!"*, decían los que a duras penas flotaban en la densa oscuridad. El capitán tomó rumbo hacia el Canal de la Mona, cuando la guardia costera nos divisó. *"Quítense la ropa y tápense la cara"*, nos ordenó nuestro líder, apresurando el paso hacia

Puerto Rico. Sobre nosotros, en un helicóptero, los oficiales nos apuntaban con armas de fuego como en una persecución de película que duró las siguientes cinco horas.

Entre tantos desvíos que tuvimos que hacer para evitar los disparos, agotamos la gasolina. Fuimos atrapados nuevamente y el servicio de inteligencia destruyó la lancha buscando droga. Al ir con la cara tapada, no lograron identificar al capitán, a quien le tocaría ir a prisión como castigo. Años más tarde, en otra odisea, le tiraron una bomba, hundiéndose en el mar, así como él ya se había hundido en las drogas.

"...las falsas promesas que se hacían a los que sueñan con nuevas tierras"

De tanto hacer esto, los viajes en yola se convirtieron en una costumbre para mí. En el último viaje me involucré tanto, que hasta participé en la construcción de la embarcación. Zarparíamos desde Baoba del Piñar, cerca de Nagua, en República Dominicana. Buscamos una finca cerca del río para bajar el bote y llevarlo al mar. Todos los días con hacha y machete nos dirigíamos cinco personas a los manglares para construir la embarcación. Al aire libre, entre eneas y plantas altas que cubrían el área, nos dimos a una ardua labor que duró unos cinco o seis meses. En esto se aprende, usando la fibra de vidrio para la construcción, se le aísla del agua y, con cola, se refuerzan sus tablas, así como con tornillos, se hace lo mismo con la proa. Se le coloca, además, un falso piso para que el peso de la gente no vaya en el fondo, y se pinta de negro o azul marino para que sea lo menos visible posible.

Corrían los meses entre octubre y noviembre, y la temporada de ciclones había pasado. Eso nos lo confirmó la luna llena, que guarda las aguas con más quietud que en otras fases y nos daba la claridad suficiente para mirar la brújula, cuando no, nos guiamos por las estrellas. Al final, me involucré mucho en el tema, no solo aprendiendo a construir una patera, sino también a observar desde adentro cómo funciona el negocio de las falsas promesas que se hacían a los que sueñan con nuevas tierras. Me di cuenta de que de tanto ser engañados por nuestros políticos, aprendemos a hacer lo mismo con otras personas. Un capitán de barco, por ejemplo, podía ganar medio millón de pesos en un solo viaje, en los que se trasladaban hasta chinos.

En el año 1997 el costo era aproximadamente de 30 a 40 000 pesos y, si queremos sacar cuentas, basta calcular cuál sería el beneficio que dejaría este viaje que reunió a 217 personas a bordo. Afortunadamente, llegamos todos bien, pero no para nuestra suerte. Como el capitán había perdido el rumbo, arribamos a una base militar un sábado a las 12 de la madrugada. Si bien era posible pasar desapercibidos a medianoche, éramos rehenes de una malla perimetral que emitió una alarma cuando intentamos escalar. Nos agarraron a todos. Allí, sentí un gran pesar en mi corazón, y me dije: *"ya no más, ya está bueno de jugar con la suerte"*.

Hoy en día se hace imposible tener éxito en este tipo de aventuras, porque de 100 viajes que salen a Puerto Rico, solo cinco logran llegar inadvertidos. La vigilancia es mucho más activa y, al contar con radares y otras nuevas tecnologías, es fácil que las autoridades detecten los viajes ilegales. Ahora, no se trata ya de los peligros del mar, sino de los traslados frustrados a causa de la alta vigilancia.

Años más tarde, sufrí mucho porque mi hermano quiso seguirme los pasos. Ante mi negativa él me percibió como una persona egoísta y, en una ocasión, tuve que decirle: *"si me entero de que estás en eso, te meto preso"*. Nada pudo disuadirlo, y en un viaje frustrado duró cuatro días varado en alta mar. Mi hermana por parte de madre, quien solo tenía 19 años, también se aventuró y estuvo a punto de perder la vida, pero sobrevivió agarrada de un muerto, porque no sabía nadar. De 200 personas que iban en esa embarcación, solo 41 sobrevivieron, las demás sirvieron de "tabla de salvación" o de alimento para las fieras marinas. La guardia costera alcanzó a ver el fuego que emitía la patera y lograron rescatarlos. Ella estaba muy desmejorada y con quemaduras en varias partes del cuerpo. Al verla, me sentí profundamente culpable. *Por suerte, aprendió muy bien la lección* y jamás volvió a insistir, mientras que mi hermano se graduó en Derecho y vive muy estable en su país. Si hoy me preguntaras, si recomiendo los viajes ilegales, te diría que los repudio desde lo más profundo de mi ser. ¡No se los recomiendo a nadie!

"¿Usted cometió algún delito federal?"

"Te vas a quedar en Santo Domingo comiendo polvo", me dijo mi exmujer puertorriqueña cuando le solicité el divorcio. Tales palabras calaron profundamente en mí, llenándome de indignación. Ese sentimiento se levantó como un animal feroz para hacerme entender que en mi país también estaban las condiciones para lograr "el sueño americano".

Viví incontables aventuras amorosas, y algunas decepciones, decepciones que son una especie de bancarrota, la bancarrota de un alma que gasta demasiado en esperanzas y expectativas. La deslealtad también se reflejó en el plano profesional, y me dio la bienvenida a mi isla al depositar mi confianza en un proyecto al que dediqué diez años de mi existencia; no obstante, soy de los que creen que la vida tarde o temprano busca la manera de compensarte, por eso a mi corazón ninguna ingratitud lo cierra, ni ninguna deslealtad lo cansa. Estoy en tierra, sano, salvo e insospechablemente bendecido. Tengo 24 años como gerente de seguridad privada, casado y con una hermosa familia.

Y como en todas las historias con finales felices, la mía no es la excepción. A parte de lo antes mencionado, ¿me permites contarte una última anécdota?

Mi esposa se estaba preparando para aplicar para un visado a Estados Unidos, aún no estábamos legalmente casados, y yo, como ya me encontraba seguro de que la había elegido como la mujer de mi vida, accedí para que esto le beneficiara en el proceso. Luego ella insistió en que la acompañara y probara suerte. ¿Tendría alguna posibilidad alguien que había desafiado la ley en múltiples ocasiones? Una vez en el Consulado Americano las temidas preguntas no se hicieron esperar, por esto mucha gente recurre a las artimañas para limpiar su pasado, lo que ocasiona que terminen más embarrados. "¿Usted cometió algún delito federal?", inquirió el cónsul. A lo que accedí a responder: *"En el pasado cometí un delito federal, sí, y estoy consciente de ello"*. Al finalizar la entrevista él me respondió: *"Por su honestidad, su visa está aprobada. ¡Bienvenido a Estados Unidos!"*

Testimonio de Parenganacutirimicuaro López

"Soy nadie, soy nada..."

*El espíritu aventurero como herramienta de
salvación durante grandes dificultades*

"Estoy perdido", un sentimiento que confunde pero que también permite descubrir a quien se deja acompañar por él

Parenganacutirimicuaro (Parengana o Paren para los más cercanos) nos relata una odisea en la que, más allá de crecer en el logro de metas, lo hace a través de la completa deconstrucción de su universo íntimo.

¿De dónde eres?, me preguntan siempre y yo respondo con una sonrisa serena: "no lo sé, ¿hay que ser de alguna parte?". Noes por ser petulante, si te soy honesto, no lo sé, "estoy perdido". Podría decirte que nací en Ciudad Bolívar, Venezuela, el 12 de noviembre de 1980, pero te estaría mintiendo. Nunca he sido de allí, aunque ame, admire y honre esa nación. Su cultura popular me es ajena, raro me consideran muchos y, por ende, la razón de sus burlas a escondidas y de sus ceños fruncidos al entrar en relación conmigo.

Mi madre, Trina Del valle Requena, 32 años, profesora de contabilidad y finanzas en... Datos del padre: Francisco Israel López, comerciante... (incompletos). ¿Relación...? Según parece, mis padres se conocieron en un contexto laboral. Ella estaba en medio de un proceso de divorcio mientras criaba a sus tres hijos varones; él, mi padre, era un hombre divorciado también, que mostraba mucho interés en esa mujer de piel canela y de sonrisa luminosa que era su compañera de labores.

Al parecer, el interés no era mutuo, sin embargo, *"el agua blanda cava la dura piedra"*, dice el proverbio del poeta romano Ovidio; las galanterías de mi progenitor terminaron por llamar la atención de la dama en cuestión. *"La costumbre es más fuerte que el amor"*, cantaba, por otro lado, Rocío Dúrcal, una artista admirada por mi madre y en cuya frase basó las razones por las cuales se enamoró de este caballero.

De todas las cosas que Trina experimentaría en esta relación, dos fueron sorpresivas y fulminantes. La primera: quedar embarazada – pese a preservativos– y, la segunda, enterarse de que su "compañero", le había mentido a mansalva, pues estaba aún casado y con hijos. En conocimiento de esto, ella no solo terminó la relación, sino que también decidió revelarle todo a la esposa oculta. No sin antes exigirle para el futuro bebé, un apellido y la manutención correspondiente. Francisco Israel, aunque supo insinuar a mi madre la idea de abortar, asumió esas exigencias cuando ella se negó rotundamente; pero, siempre fue un fantasma en la vida de su vástago, un personaje ausente de toda conexión con él.

"No se lo digas a nadie", con esta frase se condena a una muerte psicológica, emocional y a veces hasta física, a muchos niños.

Mi padre no fue el único qué me abandonó, mi madre también lo hizo, aunque de manera inconsciente e involuntaria. Ella trabajaba tres turnos: mañana, tarde y noche sin descanso; con el poco tiempo que le quedaba libre venía a casa antes y/o después de socializar. De manera que yo quedaba al cuidado de mi abuela "negra" (que no era de color sino aborigen), quien fue la referencia de autoridad y protección que tuve durante mi infancia. Sus cuidados no eran tiernos, pero si devotos y sinceros; si sus hijos eran su mayor riqueza, sus nietos eran su tesoro. De haber sabido que algo, como lo que voy a relatar, iba a sucederme, ella habría dado su vida por evitarlo, sencillamente no hubiera ocurrido.

Un día cuando tenía cuatro o cinco años, mi abuela me dejó al cuidado de alguien de confianza cerca de la casa, las razones de esto no las sé; pero, conociendo su diligencia y su sentido de la responsabilidad familiar, estoy convencido de que se vio obligada a ello por alguna otra ocupación, o simplemente, lo hizo para que yo compartiera la tarde con otros niños de mi edad. En fin, cualquiera que fuera el motivo, era normal, ya que se trataba de un lugar "seguro" para mí.

Recuerdo bien al adulto responsable con la cabeza metida en sus labores profesionales, mientras que, del otro lado de la vivienda, una voz me llamaba invitándome a tomar jugo de limón. Allí, inconfundiblemente, una sensación de inmenso peligro y tensión se despertó en mí; algo no estaba bien con esa propuesta, pero bajo la insistencia de ese llamado fui. Al entrar al cuarto oscuro, me acerqué a la persona que me requería; de repente, perdí completamente la conciencia y se ennegreció mi memoria tanto como la habitación. Volví a tener uso de mí, cuando una ráfaga de aire caliente entró por mi oído derecho junto a la voz, ahora manipuladora y amenazante, que me dijo: *"no se lo digas a nadie"*. Salí de allí con mucho dolor y me acerqué a algunos metros de la persona que debía estarme cuidando. Con voz quebradiza y muy avergonzada, susurré: *"...me violó"*. La cuidadora ni siquiera notó que estaba allí, entonces lo repetí, *"...me violó"*, en un tono mucho más bajo y asustado que el empleado la primera vez. Como permaneció inmutable ante tal declaración, me dirigí a la puerta principal de la casa y al encontrarla abierta, decidí irme a la mía.

Ese trayecto nunca lo había realizado solo, sino siempre de la mano de alguien. Me aventuré de todas maneras a recorrerlo, recurriendo al remanente que me quedaba en la mente. *"¿Por qué me pasó esto?, ¿ahora cómo voy a enfrentarlo?, ¿cómo voy a hacer para que nadie se dé cuenta?, ¿qué voy a decir cuando me pregunten por qué nadie me trajo?, y si me descubren, ¿qué me va a pasar?, ¡no me van a querer!"*, eran las preguntas que minaban mi cerebro. Así morí por primera vez, deseé que La Muerte me arrancase completamente de esta existencia, pero solo se llevó mi inocencia. Desde entonces y por mucho tiempo, fui un cuerpo habitado por fragmentos de algo que otrora era un niño.

Entré a la casa sin que nadie se diera cuenta de mi presencia, me encerré en el baño, me senté en el inodoro y expulsé todo lo que tenía dentro. Fue doloroso en extremo física y emocionalmente; limpiarme resultó aún peor porque la hoja de papel higiénico aumentaba más el ardor ensangrentado. Asustado me fijé si había sangre en la ropa interior y afortunadamente no; salí del aseo y mi abuela, quizás alertada por el ruido, se acercó. *"¿Qué haces tú aquí?, ¿quién te trajo?"*, me preguntó asombrada con los ojos como un plato. No recuerdo bien mi respuesta, ni tampoco el regaño que me dio después, yo solo pensaba en cómo disimular todo lo que estaba viviendo. Mi infancia fue entonces eso, un teatro para esconder un crimen que se cometió contra mí, pero del cual me responsabilicé totalmente. Seguí creciendo bajo un sentimiento de indignidad, suciedad y traición que incluso se reflejó en años de pesadillas recurrentes. De allí, grandes recursos de auto superación también resultaron… ¿Cuáles?

"¿He estado realmente solo?"

Responder a esa pregunta va a necesitar que entre en ciertos detalles, algunos los revelaré de inmediato y otros más adelante, en aras de relatar de una manera más ordenada mi historia.

Cierto día estaba en la sala. La puerta principal abierta dejaba entrar ráfagas del sol inclemente de nuestra tierra. A un lado, reposaba, colgada en la pared, una pintura. En la misma, una dama de hermosa tez pálida portaba un chal rojo sobre su vaporosa ropa de dormir blanca. Posaba, sin posar delante de un jarrón con flores; sus manos tenían dedos alargados y finos que se unían en un solo punto, como si sostuviera y escondiera algo pequeño. Lo miraba con mucha atención cuando, súbitamente, sus falanges se hicieron más largas, haciéndoles parecer un monstruo horrible. Su rostro antes inexpresivo se tornó malévolo y despertó en mí un miedo que me dominó por completo. Se movía poseída dentro del cuadro como un ente demoníaco y se dispuso a atacarme. Entonces… desperté. Durante años, soñé con ELLA cada noche saliendo de su espacio. Esta terrible dama me arañaba, se multiplicaba para perseguirme a veces con un chal negro y los cabellos vivos como serpientes, aparecía de sorpresa en otros episodios oníricos tomándome por el cuello y elevándome con ELLA… en fin, me torturaba de todas las formas posibles.

Al abrir los ojos en la mañana, las cosas no mejoraban, quería suicidarme para escapar de esta situación acumulada a mi violación, entre otras. No le encontraba gusto a la vida, me puse en los límites con un cuchillo varias veces, pero confieso que siempre me ha atraído más la idea de ahorcarme, quizás porque así me he sentido; sin embargo, nunca me atreví. Con el tiempo llegué a ver que aquello que estaba atorado en mi garganta desde que tenía dos años de edad, era algo referente a mi orientación sexual. Tardé muchísimo en formarme una idea más clara del asunto, por estar confundido. Además, me asustaba demasiado comprobar algo que causaría aún más rechazo, no solo del exterior sino también de mi hacia mí mismo. Por ende, necesitaba ahogar ese clamor interior que quería salir y, como no lo podía hacer quitándome la vida, lo hice atiborrándome de comida. Me escondí bajo el sobrepeso.

Con todo esto, lo que hice fue empeorar mi espiral de dolor y sufrimiento, mis creencias de indignidad y poca valía se acentuaron más. Una muestra de ello es que para no provocar las burlas que recibía de algunos compañeros y profesores, procuraba nunca pedir nada, hacerme lo más invisible posible. Entonces me llevaba todos los libros a la escuela, aunque algunos no los usaría por no corresponder al día. Pude haber confiado en el *planning* de clases, pero si no era capaz de confiar en mí mismo, menos iba a confiar en algo más. Con el bolso lleno de libros era difícil caminar recto, así que mi postura habitual era encorvada, ¿consecuencia del peso en la espalda, reflejo de mi interior, autocastigo o medida de protección? Creo que una mezcla de todo me definiría bien.

Ahora cabe hacerse la pregunta, ¿cómo pude sacar de todo algo bueno que me ayudara a salir de mi abismo? Lo que me permitió enfrentar mi situación fue contar lo ocurrido, pero no directamente, sino en papel y codificado; por eso pasé noches y días enteros dibujando. A mi madre, le asustaban los cementerios y fantasmas que plasmaba; aun así, me apoyó en mi desarrollo artístico proveyendo los materiales como propiciando encuentros con ese mundo pictórico, como fuera posible.

Llegué a exponer (no personajes de horror, pues esos los reservé para mí) y me serví de eso para hacerme un lugar en la sociedad.

Otra herramienta de auto superación la obtuve cuando descubrí la utilidad de los libros. Me refugié en los de la biblioteca de mi madre; entre los cuales, mis preferidos, fueron los de la enciclopedia de Historia Universal del Arte. Gracias a estos, recorrí los lugares más bellos del mundo; en museos, palacios y templos me distraje del trauma que llevaba conmigo, hasta que descubrí París. Ese día una chispa de vida se produjo en mí, supe con una certeza innegable que allí era donde quería vivir y que, si realmente podía lograr eso, lo que completaría el sueño, sería ser psicólogo. Esos anhelos me salvaron literalmente la vida y comenzaron a parecer más alcanzables gracias a la educación religiosa que mi progenitora me dio, ella me enseñó los primeros pasos de una relación con Dios, el único que podía hacer todo esto posible. Acercarme a mi Padre Celestial o "Padre" como simplemente lo llamo, me ayudó a sentir que nunca más estaría solo, incluso me hizo cuestionarme: pese a todo lo que he pasado, ¿he estado realmente solo?

"Dónde seas recibido, gánate siempre la voluntad de aquellos que te reciben"

Así llegó la adolescencia, época difícil en la que viajar, aunque fueran cortas distancias, me hizo cambiar de paisaje emocional. Reconozco que en esto la vida me ha querido recompensar un poco, pero también prepararme para cosas más grandes. *"¿Te gustaría ir a Estados Unidos?"*, me preguntó mi madre en cierta ocasión. *"¡Sí, por supuesto!"*, respondí emocionado y curioso. *"Pues, vamos a viajar a Miami y quizás nos quedemos a vivir allá"*. Mis oídos no daban crédito a lo que estaba escuchando. Mi madre y yo estábamos pasando uno de los periodos más duros de nuestras vidas, una debacle económica y, ¿me acababa de decir que nos iríamos a Norteamérica? Para mostrar el impacto de esta noticia en mi vida, voy a ponerte en contexto:

Corría el año 93 cuando mi abuela que se hallaba parapléjica a causa de una larga y extraña enfermedad falleció. Recuperarse de eso fue difícil, creo que muchos seres humanos nunca superamos esos vacíos del todo y seguimos extrañando eternamente a quienes físicamente nos han dejado. Algunos años después, mi madre, además de seguir ejerciendo como profesora, decidió montar un negocio de venta de comida tradicional llamado "Tostadas Guaicaipuro"; para financiar este proyecto puso bajo hipoteca el único bien con el que contaba, la casa.

Por mala gestión (dicho así, para simplificar el entramado escenario que se desarrolló en esa actividad), la empresa quebró. Los pagos no honrados no sólo pusieron en peligro nuestro techo, sino que otro evento agravó en extremo la situación. A fin de invertirse de lleno en el proyecto, mi madre pidió la incapacidad en su trabajo; esto, sin poder advertirlo, la dejó casi sin salario y sin poder trabajar en otro instituto público.

Ahora, con una hipoteca y sus intereses que pesaban sobre nosotros, un negocio en quiebra, acreedores que nos acosaban y sin ingreso alguno, no llegábamos ni a comer bien. No contábamos con la ayuda de nadie en la familia, mis hermanos vadeaban las dificultades de sus propias vidas en otras ciudades. No teníamos muebles, ni nevera donde enfriar el agua, algo vital para soportar el clima de la ciudad. La verdad, me quedo corto al enumerar las privaciones que sufrimos en esa época.

Así que la pregunta sobre emigrar a Estados Unidos y tener la posibilidad de salir de semejante realidad era algo bastante inesperado e imposible de creer, pero representó un rayo de esperanza y de cambio. Para ella fue asumir un gran riesgo, el comprar nuestros pasajes y dejar algo dinero para el viaje, en vez de pagar la hipoteca de la casa. La idea que pensó no solo incluía poder cumplir con las deudas, también buscaba cómo impulsar nuestra vida hacia un mejor estadio, lo cual significaba ir hacia el famoso "sueño americano".

El viaje a Miami fue una idea que propuso una prima que vivía en Caracas, y quien vio en la migración la posibilidad de alcanzar una mejor situación a la que estábamos viviendo en Venezuela. Nuestra prima había vendido su casa y los muebles para pagar los pasajes; pero, no llevó suficiente dinero con qué cubrir los gastos que demandaban ella y sus tres hijos durante los primeros meses en ese país. Por el contrario, con lo que mi madre había logrado obtener, podía cubrir nuestros pasajes y nos quedaba una modesta cantidad. Decidimos hacer equipo, la decisión parecía inteligente, económicamente estaríamos mejor protegidos y, emocionalmente, más apoyados. El error estuvo en confiar la administración del dinero a mi prima, quien después de despilfarrarlo nos abandonó a nuestra propia suerte.

Afortunadamente, habíamos conocido a una familia de venezolanos que hicieron rápida y sincera amistad con mi madre y conmigo; ellos, al ver nuestra situación, nos acogieron en su casa. En ese hogar, aprendí una de las lecciones más importantes de mi vida, una que pasó a formar parte esencial de mis herramientas de vida desde entonces: *"dónde seas recibido, gánate siempre la voluntad de aquellos que te reciben"*, decía mi progenitora. Ella, me levantaba temprano, antes que los demás aparecieran y, en seguida, nos poníamos a recoger la casa y a preparar el desayuno, entre otras labores. La idea era no representar carga alguna para la familia, más bien que sirviéramos de apoyo. Fue a través del servicio que entendí que el agradecimiento y el amor van de la mano.

Una noche, ocurrió algo bastante estresante, el padre de familia sufrió un ataque cardíaco. Recuerdo el alboroto en inglés de sus hijas llamando a la ambulancia; pero, una vez que llegó, no se atrevían a acompañarlo. Mi madre, sin saber ese idioma y siendo una "turista", en forma valiente como siempre, tuvo los nervios de acero para ir con él. Hasta que su esposa llegó al hospital, en compañía del resto de la familia y de mí, ella no se movió de su lado (o más bien de la puerta del quirófano donde esperaba noticias). A todas estas, el galeno nos anunció que debían practicarle un "cateterismo". Quisimos quedarnos, pero no podíamos estar todos allí, los menos imprescindibles regresamos a casa, donde permanecimos en vela el resto de la noche.

A la mañana siguiente, las buenas nuevas llegaron con el alba: *"¡Chama, Armando salió bien de la operación!"*, contaba Violeta, su esposa, a mi madre y a mí por teléfono. Con su recuperación, el desafío no solo era adaptarlo todo a sus necesidades, sino hacer frente a los gastos de la casa sin los ingresos suficientes; allí es cuando nuevamente mi madre hizo prueba de inteligencia e iniciativa. Fuimos a una iglesia católica donde, sin cita, expuso la situación ante uno de los representantes de esta institución. Su discurso fue tan convincente que le dieron unas bolsas de comida y le otorgaron una ayuda económica para pagos de servicios durante dos meses. Al ver los cheques en mi mano me sentí orgulloso de lo que ella estaba haciendo, no por ellos o por nosotros, sino por "todos".

Gracias a esto, asimilé inmediatamente que, al formar parte de un clan, las necesidades son comunes y no individuales, aunque los lazos que nos unan no sean sanguíneos. Veintiún días en total, fue lo que permanecimos entre ellos, pues al término de ese período, estaríamos a punto de alcanzar los tres meses que la visa de turista nos permitía permanecer en el país. Era necesario, tomar una decisión: quedarnos de forma ilegal y no poder retornar a Venezuela por muchos años, trabajar para salvar nuestra casa, o bien, respetar la ley regresando al país y así mantener la puerta de Estados Unidos abierta, pero a riesgo de perder nuestro techo, ¿cuál fue la opción elegida?

"Te confieso que a veces añoro la muerte"

Mi madre solo vio un camino: regresar con sus hijos. Así que retornamos, yo me sentía con el corazón roto, pero sin tiempo para procesar el duelo, porque, rápidamente, nuestra vida dio un vuelco. Dos noticias fueron las causantes: la primera, alcanzó a mi madre en las puertas del banco el mismo día en que ellos debían ejecutar la hipoteca;

"Intervenido", decía el cartel que justificaba el cierre extraordinario de la entidad crediticia y, por ende, la salvación milagrosa de esa deuda. La misma noche, llegó la segunda noticia: *"tú primo Teto ha muerto en un accidente, tienes que avisarle a la familia"*, me decía alguien al otro lado del teléfono. No sé cómo logré notificarle a mi madre que estaba en la capital, pero lo hice y lo más pronto que pude fui a la casa de una de mis tías a interrumpir una fiesta de cumpleaños (además, solo faltaban cuatro días para la Navidad).

Puerto La Cruz, una ciudad del oriente del país, sería el escenario de lo siguiente. Por un lado, habíamos regresado a Venezuela con el año escolar ya iniciado; por ende, un atraso para mis estudios porque me tocaba esperar hasta septiembre para retomarlos. Por el otro, todos de luto, con la salud emocional y familiar sobre hielo quebradizo por la pérdida de esta alma joven que crecía en anécdotas hilarantes gracias a sus ocurrencias. El 24 de diciembre era su fecha favorita, un día cuando nos reuníamos todos; y allí estábamos, como a él le habría encantado, pero en silencio, cabizbajos, dejando brotar a escondidas las lágrimas que centelleaban con las luces de la decoración festiva. En esa semana, mi tía y mi madre conversaron sobre inscribirme en "parasistema" —un método a través del cual un liceo me permitía cursar dos años en uno y graduarme a la edad que me correspondía—. A pesar de que la decisión la tomaron sin mí, la idea no me desagradó en absoluto; al contrario, me permitió de cierta forma, emigrar. Tendría el mar cerca y, por ende, la oportunidad de visitarlo para perder mi vista en el infinito horizonte; además, en ese lugar podría aplicar aquellas lecciones aprendidas en Miami.

Cuando no estaba con mi tía en la tienda, visitaba a la abuela Sara (mamá de mi tío) y le llevaba lo que pedía del supermercado; ella, en pago o, por agrado, me invitaba a comer. Yo me deleitaba, no sé si por su compañía, por sus platillos o por las historias de su vida en España que me contaba. Yo creo que por todo. Poseía una luz interna tan hermosa que le hacía brillar los ojitos y fulgurar sus cabellos blancos inmaculados. Yo viajaba al escucharle hablar de su proceso migratorio, su acento me trasladaba a otro tiempo y lugar.

Hoy la recuerdo con mucha emoción; por estar lejos de ella, no pude despedirme cuando murió. ¡Cuánto me gustaría estar con mi abuela "negra" y con ella, así como con otros seres fallecidos para que, como iguales, disfrutemos de estar juntos! Te confieso que a veces añoro la muerte, no según la visión pesimista que todo el mundo le da, sino como el estado inicial de una felicidad perpetua al lado de quienes amas. Pues bien, cuando no estaba con ninguna de las dos, ni en la playa, me encontraba estudiando y aprobando exámenes, o con alguno de mis primos. En aquellos días, recuerdo haber trabajado también pintando murales para una guardería, con el dinero ganado le llevé regalos a mi madre. Pintor de "brocha gorda" también fui cuando mi tío me puso a pintar su apartamento o, cuando mi primo me llevó a trabajar al local odontológico de su novia.

Sin perder el tiempo en lo más mínimo, el día de mi graduación llegó y, con él, mi decisión de regresar a Ciudad Bolívar. Es cierto que había disfrutado de mi estancia en la casa de ellos, pero también era cierto que quería sentirme en un lugar más propio, y eso solamente me lo podía ofrecer la casa materna.

"Volví a nacer"

Al poco tiempo de mi regreso, ingresé a la universidad para estudiar Derecho. Esta carrera no la había elegido por deseo personal, sino para tratar de satisfacer la sed de justicia de mi madre. Ella nunca me lo pidió — aunque bastante lo insinuó —, pero solo bastaba con escucharla y verla en medio de su situación, para abandonar mi deseo de convertirme en psicólogo. Los primeros años de mi carrera despertaron en mí el defensor que llevaba por dentro; y, aunque no era mi verdadera pasión, reconozco que mis causas personales y, sobre todo mis creencias, necesitaron de esta característica para hacerse valer. A partir de este punto, mi relación con Dios entró en otra fase, la cual, insospechadamente comenzó muy pronto.

Un año había pasado desde lo de Puerto La Cruz, habíamos rendido los honores de duelo que correspondía y era época de retomar nuestras costumbres. Aunque debo acotar que nunca he sido decembrino, ni de fechas populares, sin embargo, participaba por respeto y por comer. El 21 de diciembre del 2000 parte de la familia se reunió para celebrar "la llegada del espíritu de la Navidad". Habiendo decidido asistir, me preparé para la ocasión. La ducha iba a ser precedida de una afeitada al ras, pero cuando puse la espuma sobre mis mejillas, escuché a alguien llamar a la puerta.

Al asomarme curioso a la ventana, vi a dos jóvenes con camisa blanca y corbata, de alta estatura y de cabellos rubios apostados en la reja del jardín. Impulsado, yo, por una inexplicable fuerza exterior, les dije a grandes voces: *"¡Por fin llegaron!, esperen"*; regresé a lavarme la cara y salí a su encuentro. Ellos, asombrados, se presentaron: *"somos misioneros y estamos aquí para hablarle de nuestra religión, ¿le gustaría escucharnos?"*, *"¿me van a hablar mal de la Biblia?"*, les inquirí. *"No, parte de nuestras creencias están basadas en la Biblia"*, *"pues en este momento no puedo porque tengo una cita, pero ¿pueden venir otro día?"*. Acordamos un encuentro para dentro de uno o dos días después, los predicadores me presentaron los principios básicos de su religión y con ellos un libro de doctrinas.

Honestamente, no estaba convencido de las cosas que me estaban contando en esas dos primeras "charlas", aunque sí sentía un genuino interés que me motivó a seguir indagando. Para mi madre esto era antinatural, antirreligioso, satánico, antigubernamental (por creerlos de la CIA) y, el que tuviera lugar en su casa, lo empeoraba todo. Yo siempre fui respetuoso, no me dejé amedrentar por esto, seguí escuchándolos y allí mismo, porque no quería hacer nada a escondidas.

En una de las citas, recibí una invitación que aumentó mi interés por las lecciones: *"Lea este versículo del libro y pregúntele a Dios si lo que usted ha leído es verdadero. Si la respuesta es positiva, es que ese libro también es verdadero y, si lo es, la persona que lo escribió es un profeta de Dios; y si lo es, la Iglesia que ayudó a restaurar es la Iglesia verdadera de Dios".* Esa misma noche lo hice, y sentí un tumulto en mi interior, como aquel que deja un veloz tren al pasar y, ante tal sensación, penetrante, potente y clara, asumí que la respuesta era positiva.

En la próxima cita me invitaron a bautizarme y volví a experimentar esa misma emoción, pero aún más fuerte por la promesa que traía este convenio: todos mis pecados serían perdonados, nacería de nuevo, mi pasado sería borrado. A ti que me estás leyendo ahora, te pregunto, ¿puedes imaginar lo que significaba para mí poder borrar de mi alma todo lo que venía arrastrando desde los cinco años de edad? ¡Ya no estaría sucio!, ¡ni indigno!, ¡no le debería nada a nadie!, ¡tal crimen no existiría!, ¡tendría una nueva oportunidad!, ¡sería libre!, ¡existía otra salida que no era la de suicidarme!

Cabe mencionar que el precio era grande: abandonar mi tendencia homosexual y a partir de allí reinventarme, así que acepté. A todo esto, mi madre lo veía como un lavado de cerebro que me habían practicado. La noche en que este acto estaba por llevarse a cabo, salí de la casa, cuando fui interceptado por mi vecina: *"¡A tu mamá le está dando algo, ve rápido a la agencia!"*. Corrí al local que ella había montado para vender lotería y, al llegar, la encontré tumbada en una silla. A su lado, alguien le estaba tomando la tensión, me dijo que la tenía muy alta, y que otro disgusto agravaría más su salud. *Lo de tu decisión me pone así, hijo. No te bautices todavía, si quieres déjame escuchar esas charlas para al menos saber dónde te estás metiendo"*. A mí me pareció conveniente la propuesta, *"quizás en esos encuentros ella también experimente lo mismo que yo, y no solo no se opondrá más, sino que hasta se bautizará"*, pensé para mis adentros. Accedí y me dirigí a la iglesia para contarles sobre el rumbo que las cosas estaban tomando.

Pese a mi retraso, me encontré con unos misioneros y con un grupo de feligreses muy contentos. Incluso, un chico se había esforzado mucho en llenar la pila bautismal a baldes, porque la tubería estaba en reparación, mientras los demás preparaban sillas, decoraciones, cánticos, discursos, etc. Explicarles esto a ellos era quitarles esa alegría y echar por tierra el coste de la ceremonia. Los misioneros, sin embargo, fueron muy pacientes y comprensivos, planificamos entonces las charlas con mi madre y una nueva fecha bautismal. Regresé a casa triste, pensando en la demora que esto suponía para mi liberación. Me reuní con mi madre que estaba como si nada le hubiera ocurrido, le conté lo sucedido y pactamos.

En la primera cita no se presentó, en la segunda se fue antes de que los evangelizadores llegaran dándome excusas tontas y, antes de la tercera, le dije: *"el 17 de enero me bautizo, te mueras o no"*. Cumplí mi promesa y mi madre no murió. Al salir del agua, el peso de toda una vida se había ido, una nueva etapa comenzaba. Volví a nacer. Aunque más adelante vería que no todo había muerto.

Mi integración y crecimiento en la Iglesia fue bastante rápido. Sin importar los esfuerzos de mi madre para hacerme la guerra al respecto; seguí poniendo mi atención en la nueva vida que me estaba construyendo y en mi nuevo plan para que ella se bautizara también. Cómo sabía que estaba reacia al tema decidí no hablarle de eso, sino dejar "descuidadamente", por toda la casa, revistas de la Iglesia donde se exponían varios temas hermosamente ilustrados. Sabía que la imagen de Jesucristo le llamaría mucho la atención y que, al leer los artículos, le despertaría algún interés. Eso dio frutos, poco a poco una normal y cordial comunicación entre nosotros se restableció, ella llegó a hacerme preguntas y yo supe responderlas según sus intereses más profundos. Descubrí que también quería sentirse limpia de todo pecado, y le hablé entonces sobre el bautismo; le compartí mi testimonio con todo fervor y un rostro resplandeciente. Dos meses después se bautizó. Ella también volvió a nacer.

"No quería renunciar a eso; pero ¿a cuál de los dos iba a obedecer, al cuerpo o al espíritu?"

Una cosa de la que no he hablado sobre mí con más detalle es como ese deseo de explorar el mundo que tengo desde pequeño impulsa mi vida. Pareciera que se trata de lo mismo que la mayoría de las personas quiere, pero no me refiero al turismo de ocio o el de andar por andar; yo hablo de servir a las personas que me encuentre en el camino, hablo de peregrinaje.

Por ende, vivir esas aventuras a través de la enciclopedia de mi madre, emigrar a Miami y luego a Puerto la Cruz, no hicieron más que atizar este ardiente clamor interno. Vi entonces en la Iglesia, una oportunidad para vivir esta experiencia, presentándome como candidato para ser misionero. Por supuesto, nuevamente encontré oposición, más por parte de mis hermanos, porque eso supondría dejar mi carrera de abogado a solo un año de graduarme. Si bien era cierto que podía esperar, también lo era que no quería que no quería retrasar más las cosas.

Paralicé mis estudios universitarios y me alisté. Antes de irme, visité de nuevo el mar en Puerto La Cruz, y vi ese horizonte infinito como el principio del camino. Al día siguiente fui ordenado misionero y tomé un avión a Bogotá, Colombia, para pasar una temporada de preparación misional. Luego fui asignado a la misión Caracas, Venezuela, que, no solo incluía a la ciudad capital sino a varias regiones vecinas. Allí el trabajo era predicar el Evangelio a toda persona; actividad que se desarrollaba desde muy temprano en la mañana hasta las 9:00 p.m., aunque la vida misional abarcaba las 24 horas y cada minuto y segundo de los dos años subsiguientes.

Estaba dedicado con toda mi alma, mente y cuerpo a esa obra. Desde el primer día, viví cosas que aún no sé cómo traducir en palabras, quisiera contártelas todos, pero requeriría de un libro completo. Razón por la cual debo resumir este relato de la siguiente manera: *una serie de maravillosas micro migraciones en las que serví a gente incomparable y en circunstancias especiales, obrando para un Ser Supremo que se manifestó de infinitas maneras. Una experiencia inolvidable que me sería útil para el resto de mi vida.*

Más tarde, al regresar de mi misión, pasé por varios choques emocionales. El primero de ellos fue el no haber sido preparado para regresar a la vida secular, así como lo fui preparado para ingresar a la vida misional. Esto me parece crucial porque, si bien es cierto que es necesario que se nos prepare para una vida de dedicación espiritual y proselitista, considero vital que a los que hemos vivido así, se nos prepare para dejar ese rol y ocupar uno más mundanal. Por ejemplo, mientras somos misioneros, no tenemos contacto físico de ningún tipo y con ninguna persona, no podemos tener novias o novios, no podemos tener un trabajo, ni ir al cine o vestirnos de otra manera que no sea la camisa blanca y la corbata, o tomarnos vacaciones, etc. De allí que, retomar una cotidianidad en la que podía hacer todo eso, pero de la que me había desprogramado completamente, fuese un golpe muy duro. ¡Recibir abrazos y besos era como recibir puñaladas!

El segundo choque fue el de ser recibido en una casa en medio de una zona rural; mi madre, durante mi misión, había vendido la casa en Vista Hermosa y construido otra en el sector Los Báez, un lugar por demás inhóspito e inseguro. Allí, alejado de la sociedad, tuve que desarrollar una nueva vida que incluía reactivar mis estudios universitarios y, por ende, la dinámica e interacción social que eso supuso. Las dificultades que se le añadían al asunto eran que, debido a la distancia abismal entre la institución y mi nueva residencia, tenía que tomar el transporte público en una ciudad en la que ese servicio era casi inexistente (y de paso, peligroso), sin contar el tedio de terminar una carrera por la que no sentía ninguna pasión. ¿Qué me ataba a ella? Una promesa.

El tercer choque fue el tener que hacer frente a algo que se espera de un misionero al regresar a casa: el matrimonio y los hijos. Yo había podido "escaparme" de esas obligaciones porque estaba en una misión. Pero, habiendo cumplido este periodo, no tenía más excusas. Aquí retomo lo que no había muerto del todo al bautizarme, una tendencia bien dormida que estaba a punto de despertar otra vez, la homosexualidad. No en su práctica sino en su presencia tentadora y perturbadora.

En el tiempo previo a mi proselitismo, había creado un lazo muy fuerte con dos personas: uno de ellos –el más importante– fue con Alejandro, el chico que había llenado mi pila bautismal a baldes y con el que luego pasé a tener largas conversaciones sobre su vida, o la mía, así como sobre nuestras inquietudes y desafíos. Con él trabajé en la obra misional bajo el sol inclemente, de él fui su maestro de seminario, instituto y escuela dominical, con él vi muchas películas y en él encontré a un amigo como el que nunca, pero nunca, había tenido. La otra persona fue una chica que también fue mi alumna de seminario y de otras clases, con ella disfruté de muchas actividades y siempre me produjo una agradable sensación de "templo". Me encantaba su presencia y con ella me sentía cómodo a su lado, gracias al tono suave y pausado de su voz. Supe, antes de irme a la misión, que ella sentía algo por mí; sin embargo, ese tema fue completamente ocupado por el rol que estaba asumiendo. Durante esos dos años, recibí numerosas cartas de su parte, todas en un tono bastante amistoso, pero para mí, fue fácil intuir sus sentimientos escondidos.

De nuevo en casa, si tenía que crear una familia, era lógico que ella era la candidata ideal, entonces le propuse que fuera mi novia. Tanto mi madre como todos alrededor nuestro estaban feliz de esta decisión. La verdad es que, aunque ella me resultaba aún más agradable de lo que siempre fue, esta relación significó un gran sacrificio para mí. Entre tanto, mi madre no perdió la oportunidad para hacer todo tipo de arreglos secretos con el fin de afianzar los nuevos lazos y acelerar nuestra unión. Al enterarse de esto, mi novia se molestó por su intromisión y me dijo que, *"si con solo un recién inicio de noviazgo, ya se metía en nuestra relación, qué dejaría cuando estuviéramos casados"*. Acto seguido, dio todo por terminado. Eso mostró una parte escondida de su personalidad, bastante radical e intolerante. Por fuera yo parecía triste y contrariado, por dentro estaba de lo más feliz. ¡Qué ganas tenía de que me dejara! ¡No soportaba ni un beso ni una caricia más! Mucho menos, la presión que todos estaban poniendo sobre mí.

Por otro lado, mi amigo Alejandro, se enroló también en la misión. Que me pudiera yo concentrar en apoyar su preparación y ordenamiento, fue una manera excelente de seguir con mi vida. Lo despedí en la misma terminal de buses en la que me tocó partir un día. Durante sus dos años de servicio lo extrañé mucho, ¡cuán orgulloso estaba del hombre en que se había convertido! Creo que, en cierta forma, al ser un poco más joven que yo y al haber sido su confidente, lo paternalicé.

A partir de este momento, nuevos cambios mucho más favorables se presentaron. Mi madre compró un apartamento en una zona más cercana a la "civilización", y dejó la casa de campo a Julio, uno de mis hermanos, y a su esposa. También recién abría en la ciudad, la Universidad Experimental de las Artes y vi la oportunidad de estudiar algo que realmente estuviera conectado conmigo. Allí conocí a un chico del cual me enamoré. Esta etapa fue muy difícil para mí, porque estaba más que nunca activo en la Iglesia y fiel a mis convicciones. Esta situación me causó una enorme confusión en todos los sentidos, volvieron a mí los pensamientos suicidas (aunque realmente esto ha sido una constante), pero ahora más fuertes.

Además, este chico era bastante tóxico y no le aportaba ligereza a mi existencia. Afortunadamente, no me atreví a intimar con él; no obstante, su intrusión en mi vida me ayudó a ver que era hora de atender estas dudas que pesaban sobre mi sexualidad desde pequeño. Gracias a la ayuda psicológica que recibí pude entenderme más y empezar a aceptarme; en verdad no sabía qué hacer con eso, porque por otro lado tenía, al menos, seis años de membresía fiel y casta en la Iglesia. No quería renunciar a lo alcanzado hasta el momento, había ganado mi renacimiento y libertad, había disfrutado de una vida consagrada al servicio, había visto ocurrir milagros, pero me estaba enfrentando a una nueva dimensión de mí que tomaba proporciones incontrolables. A cuál de los dos iba a obedecer, ¿al cuerpo o al espíritu?

"...ya había escogido cuál de los senderos de mi encrucijada seguir"

Mientras tanto, Alejandro regresaba con honores de su misión, así que contaba nuevamente con su apoyo y amistad. La camaradería entre nosotros subió a otro nivel, incluso ahora con mucha más complicidad, de manera tal que, era completamente innecesario hablarnos para entendernos, con la simple mirada podíamos comunicarnos.

En lo que respecta a lo académico, para ese entonces ya era abogado y ejercía mi profesión. Como no terminé por encarnar ese rol del todo ya que no experimentaba ninguna pasión por el Derecho, volví a recurrir a la comida como medio de contra balance y aumenté de peso mórbidamente. Necesitaba dar un cambio y la responsabilidad, siendo un adulto profesional, era mía, así que decidí mudarme a Caracas. Allí es cuando le anuncio a Alejandro que, al día siguiente, dejaba Ciudad Bolívar. *"¿Te vas?, ¡no te vayas! ¿Qué voy a hacer sin ti?"*, fue su reacción acompañada de una palidez vertiginosa y un copioso llanto.

El tiempo se detuvo abruptamente y aun así todo estaba yendo demasiado rápido como para entenderlo. La dificultad no estaba solo en traducir lo que veía, sino en comprender lo que yo estaba sintiendo cuando pasaba esto. La verdad saltó a mi rostro, y más que revelarme algo sobre él, me mostraba una parte de mí mismo que no había querido asumir: estaba enamorado de él. *"Está bien, no me voy"*, respondí cuando el tiempo volvió a su revolución normal. Ahora, si el sentimiento que le hizo comportarse así era otro tipo de amor, diferente al fraternal, eso no lo supe hasta que puse a prueba la situación. Creé ocasiones y ambientes para propiciar un acercamiento entre nosotros y los giros mismos que los giros que estaba dando la vida, me apoyaron. Por ejemplo, en determinado momento, él necesitó de una operación menor; que posteriormente exigió reposo y cuidados. Como en su casa el ambiente no era el más favorable (la verdad esa fue más una excusa de mi parte que algo que no se pudiera resolver), lo convencí de quedarse en la mía para atenderlo.

A la par de esto, varias cosas estaban ocurriendo en mi familia, mi hermano Julio pasaba por un período de fragilidad física que venía acumulándose desde hacía cierto tiempo, pero al que estaba ignorando, incluso escondiendo, situación que coincidió con el embarazo de su esposa. Ellos tenían 15 años de casados y no habían logrado semejante bendición, así que más que preocuparse por su estado físico, le interesaba más prepararse para recibir al milagro que venía. Mi madre, por su lado, también estaba presentando dificultades de salud, pero dada a sus malas costumbres de automedicarse, pensó que había resuelto el asunto sin necesitar nada más. Aquí podría decir: *"de tal palo, tal astilla"*; por más unidos que eran, el uno no sabía de la gravedad del otro; de hecho, todos ignorábamos cuán delicados eran estos dos cuadros clínicos. Quizás, esas fueron las razones por las que la casa permaneció prácticamente sola para Alejandro y para mí; a eso le saqué partido. Una noche le dije que había algo que debía confesarle: *"Te amo"*, declaré firme, aunque expectante frente a él.

Nuevamente el tiempo se ralentizó, mientras regresaba su peculiar palidez. *"Yo sabía que algo estaba pasando, pero yo no soy así, me tengo que ir"*, recogió sus cosas y partió. No fue sino hasta dos días después que rompió el silencio y me envió un mensaje de texto: *"Tú eres mi amigo y no quiero perderte, si podemos ser amigos y tú respetar eso, entonces por mí no hay problema"*. Naturalmente, yo accedí… sin embargo, no deje el asunto así. Yo sí pude reconocer lo que él no quería aceptar, y que gritaba detrás de su muro de cristal interno; después, de una manera menos frontal, volví de nuevo a mis estrategias. Con el pasar de los días, estas dieron fruto.

Por un lado, ya había escogido cuál de los senderos de mi encrucijada seguir, el de mi orientación sexual y emocional. Ahora tenía que encontrar una forma de no perder mi relación con Dios, sin engañar a la Iglesia, ni a mi familia.

Esta problemática era aún más difícil de resolver, porque Alejandro no aceptaba lo ocurrido, sino que lo veía como un mal accidente que nunca debió pasar. Paciencia y perseverancia fue lo que lo ayudó a calmar sus temores —que eran exactamente los mismos que yo tenía— y abrirse a este nuevo mundo afectivo y a lo que traería consigo.

Decidí, entonces, ponerme a la orden del Consejo Disciplinario de la Iglesia, sin decirle que él era la otra parte del asunto. Asumí, entonces, las consecuencias: una suspensión de mis derechos como miembro, con el ofrecimiento de ayudarme con un seguimiento que contribuyera para que pudiera volver a la "buena práctica".

En segundo lugar, hablé con mi familia, lo cual fue mucho más sencillo, no solo porque no tenía miedo de tratarlo, ya que asumirme me estaba dando las fuerzas necesarias; también, porque al contárselo, lo tomaron con respeto y normalidad. Mi madre, por supuesto, no estaba muy contenta; sin embargo, cuando supo lo de la violación, se interesó más en ese punto y se mostró comprensiva y tolerante. Las preguntas sobre la identidad de este violador surgieron, pero yo lo protegí, ya que no quería que todo explotara en un momento tan delicado para mí. Y lo hice bien, porque lo que vendría después sería una hecatombe familiar.

Pronto, la salud de mi hermano Julio necesitó de hospitalización y la de mi madre requirió de una operación urgente. Él fue ingresado en distintas instituciones médicas y nadie resolvía su enfermedad; ella, por su lado, fue operada, y la mejoría no vino tras eso. Para ambos, las cosas se pusieron peores, mi madre fue trasladada a la capital en helicóptero debido a la urgencia que presentaba su cuadro clínico, se hallaba a punto de morir. Mi hermano, entretanto, corría también riesgo de muerte en el hospital; todo esto seguía ocurriendo sin que el uno supiera del estado real del otro. *"Tu hermano está muy grave, vente inmediatamente"*, clamó Luisa, una de mis cuñadas al teléfono. Cuando llegué al hospital, los gritos de mi familia fueron suficientes para saber lo que apenas había ocurrido, mi hermano había muerto.

"Mi mamá se va a morir, mi mamá se va a morir, ¿ahora cómo voy a hacer?", decía yo de manera nerviosa, llorando y temblando. Decidimos esperar el regreso de mi madre para contarle lo ocurrido, de todos modos, el estado en el que estaba no hacía posible que se le diera ninguna noticia. *"¿Cómo está Julio?, quiero que me lleven al hospital ya mismo"*, decía ella al salir del aeropuerto en silla de ruedas. *"Primero te vamos a llevar a casa y luego al hospital para que veas a Julio"*, le respondí tragándome el dolor y poniéndome una pesada máscara en el rostro. *"No, quiero ver a Julio ya mismo, vamos al hospital"*, *"tú estás muy delicada para tanto traslado, vamos a la casa y luego al hospital"*. En su habitación, al sentarle finalmente en su cama, le dimos la noticia.

Nunca había escuchado en mi vida un silencio tan ensordecedor que solamente fue roto por algo invisible pero poderoso, que se resquebrajaba en el ambiente. *"Yo sabía"*, decía mi madre con voz sollozante. Ella, en lugar de derrumbarse, mostró el temple que poseía. Enterró a su propio hijo con la actitud más digna que pudo tener; yo hubiese preferido que se desplomase pues, eso era lo que realmente estaba ocurriéndole por dentro y lo que le evitará ciertas consecuencias delicadas a futuro. Y esa decisión no me correspondía a mí, sino a ella. Era su derecho reaccionar de cualquier manera. Al poco tiempo la viuda de Julio dio a luz, y Victoria trajo con ella sonrisas a nuestra familia.

Con el pasar de los meses el duelo fue tomando su forma y cada uno su camino. El mío no estaba en permanecer en Ciudad Bolívar y, mucho menos, ahora con una relación homosexual que crecía cada día más. Así que el paso que tenía que dar era más grande y me atreví entonces a recuperar mi sueño de infancia, el de vivir en Francia. Materializar ese proyecto requirió de superar dificultades abismales, pero habiendo ya pasado por tanto y en compañía de la fuerza del amor, no tuve miedo. Mi madre nos ayudó con dinero y con trabajo para ganar un poco más.

El 6 de junio de 2010, los aeropuertos nos abrieron las puertas hacia un nuevo continente y una nueva aventura.

"...y allí me invadió el sentimiento de estar de regreso a casa". ¿Se sufre el desarraigo en todos los procesos migratorios?

Con un pasaporte de turista, poco dinero y nuestro básico conocimiento sobre el país, sus costumbres y su idioma, Alejandro y yo pusimos los pies en territorio francés. Habíamos hecho un plan autodidacta de aprendizaje antes de irnos y también habíamos recogido mucha información sobre los procesos legales para instalarnos allá; pero imaginar lo que realmente nos esperaba, era imposible.

Lo primero era encontrar la manera de dirigirnos a París, y allí el entrenamiento misional, nos sirvió para orientarnos. No tener vergüenza de hablar con la gente y pedir información, grabar instrucciones en la mente y mantener los ojos bien abiertos para seguirlas, correr con maletas en medio de un tumulto de gente, era lo habitual que nos había dejado esa fabulosa época de proselitismo. Por otro lado, la adrenalina estaba teniendo efectos poderosos en mí, disfruté sentir mi corazón acompasando a mi mente con sus veloces latidos para que este pudiera alcanzar el objetivo fijado. Además, estaba teniendo "mi primera vez" con los olores, colores, sonidos y formas del nuevo país. Teníamos una reservación hecha, pero llegamos demasiado tarde a la *Gare de Lyon*, así que pasamos la primera noche en un hotel a 90 euros. Al día siguiente, tendríamos que buscar algo más barato, porque con el poco dinero que teníamos, nos íbamos a quedar sin nada rápidamente.

Nos acostamos sin comer y con todo lo que estábamos viviendo, al amanecer siguiente nos despertamos con mucha hambre. Salimos del hotel con un mapa que nos dirigía hacia la torre Eiffel y en el trayecto buscamos un supermercado para comprar algo de comida. Si hubieses podido ver nuestras caras frente a los productos en los anaqueles, te habrías caído de la risa. No solo no había nada en español, los artículos estaban mezclados con otros de origen "exótico", sus nombres pues figuraban en chino, japonés, árabe, alemán e indio. Es verdad que las ilustraciones nos daban una idea de lo que eran, pero con tanta información que procesar igual podíamos terminar comiendo jabón en vez de un ponqué. Ese día caminamos muchísimo, afortunadamente el clima fue clemente con nosotros, de manera que pudimos descubrir los monumentos maravillosos de la urbe. Por fin, mi sueño se estaba realizando, aquel niño triste de ocho años que había visto estos paisajes en fotos estaba caminando por ellos. Trataba ahora como adulto de entender de dónde salía tanto amor por esas calles y veredas, a lo que nunca obtuve la respuesta, era así y nada más. De pronto, la Torre Eiffel apareció imponente y allí me invadió el sentimiento de estar de regreso a casa. Según mi yo interior, había estado de vacaciones en Venezuela durante 29 años y ahora volvía a mi tierra. Quizás por esto, yo no sufrí el desarraigo al venir a Francia, sino que vivía en él, cuando estaba en la amada, aunque no mía, Ciudad Bolívar. Desde lo alto de esa construcción icónica divisamos la ciudad entera, conglomerado en el cual teníamos que ganarnos un lugar. Ese desafío se revelaba monstruoso; no obstante, ya estábamos allí y no había vuelta atrás.

Esa misma tarde, cambiamos de hotel y pasamos a otro de 60 euros; luego, al día siguiente, a uno de 30 euros, intentamos posteriormente uno de 20 euros, pero era una verdadera cueva de ratones, así que nos quedamos con el precedente. De hecho, nos convenía mucho quedarnos allí, porque, pese a su precariedad, estaba a dos minutos de *France Terre d'Asile*, una asociación a la cual acudiríamos para pedir asilo político.

"Si aceptamos toda la miseria que viene a nuestro país, nos morimos todos". Cuando el sistema no se pone de tu lado sino en tu contra.

En este punto, me veo nuevamente obligado a resumir mi historia para contarte a grandes rasgos lo que siguió. Solicitamos asilo político y nos fue denegado, a pesar de contar con el apoyo de la reconocida asociación y de una abogada privada. Apelamos a la decisión de la O.F.P.R.A. (Oficina Francesa para la Protección de Refugiados y Apátridas), ante la C.N.D.A. (Corte Nacional de Derechos de Asilo), y una segunda negativa nos fue expedida junto con una carta de expulsión del país. Ni la respuesta ni la misiva nos amedrentaron, ya teníamos dos años allí estudiando francés, trabajando y echando raíces. Incluso, en una instancia perdíamos y en otras ganábamos, como aquella ocasión en la cual llevé a nuestro primer jefe ante el juzgado laboral por no querer pagarnos. La irregularidad de nuestra situación, nuestra inexperiencia y un francés en desarrollo, no solaparon al abogado que dormía en mí.

De los hoteles pasamos a alquilar una habitación de seis metros cuadrados con el techo inclinado, las paredes mohosas, una cocina que daba corriente y una ducha que se tapaba. El inodoro estaba en el pasillo principal y era de uso compartido con los demás habitantes del edificio. ¿Cómo, sin conocer a nadie, y sin garantías para dar, pudimos encontrar ese lugar?, eso es otra historia. Lo cierto es que en esa "lata de sardinas" seguíamos viviendo nuestra épica historia. Nunca olvidaré esos días…

Respecto a la Iglesia, aunque yo estaba suspendido sabía que ese ambiente aún me resultaba beneficioso, por eso desde el primer día la buscamos y el domingo estábamos asistiendo a ella. Alejandro decidió por fin asumir su situación, por ende, las cosas estaban bastante claras. En aras de llevarnos de vuelta a "la buena práctica" en algún momento, me impusieron dejar a Alejandro; de lo contrario, seríamos excomulgados. Ponernos en una situación tan complicada, aun cuando era lo correcto según su doctrina, maximizaba nuestras dificultades. Me di la oportunidad de probarme y de respetar entonces mis convenios bautismales, acepté el hotel que la Iglesia pagaría mientras conseguía otra habitación, y me separé de mi compañero con un dolor indescriptible. Pasé tres semanas sin verlo, sin ocuparme de su comida (la cual era una expresión diaria de amor); no tener su olor o su sonrisa, no poder decirle que le amaba —aun cuando él no me escuchaba— fue lo más duro que pudo imponérseme, me faltó poco para enloquecer. Luego encontré una habitación a media hora en tren de París, me mudé allí con una familia de haitianos que al principio se mostraron amables, pero después sacaron las garras.

Decidí reanudar el contacto con Alejandro quien venía a pasar tiempo conmigo allí, porque nuestra separación también le resultaba insostenible. De *Deuil-La-Barre*, nos mudamos juntos a *Clamart*, a una habitación en casa de una de las miembros de la Iglesia, pagábamos nuestras cuentas con trabajo en el mismo sector de la construcción, siempre *al negro* y con todos los riesgos que eso suponía. En esa misma época, fuimos excomulgados de la Iglesia. Desde entonces, mi fe fue sometida a grandes transformaciones, perdía una membresía, pero no perdía a Dios, y eso, Él me lo probaría más adelante.

Volviendo a nuestras diligencias legales, puedo decir con toda honestidad que reintenté en varias ocasiones, distintas maneras de regularizarnos; sin embargo, todo fue infructuoso porque ni siquiera admitían nuestras solicitudes. Recuerdo a la abogada de una asociación para inmigrantes, decirme textualmente: *"Sé que Venezuela está en peor situación que antes, pero si aceptamos toda la miseria que viene a nuestro país, nos morimos todos"*.

Dependiendo única y exclusivamente de lo que ganábamos, nos administrábamos de la mejor manera posible; el sentido de la organización que siempre tuve fue de gran utilidad y la ambición de Alejandro, lo esencial para estar estables. Lo que entonces andaba mal era nuestra relación; en parte, porque el fantasma de la violación estaba indisponiéndose entre nosotros. Las ideas suicidas se veían cada vez más atractivas, ahora fantaseaba con ellas. Decidí exorcizar eso de mí escribiendo un libro que titulé "El sonido del cántaro", y en él conté todo lo que me había ocurrido hasta entonces empezando por la violación, pero a través de una historia ficticia.

Aquella mujer del retrato qué me aterrorizó durante tantas noches, se convirtió en uno de los personajes principales de mi historia y hoy por hoy, en un recurso psicológico positivo para mí, la llame Noalüin que significa "aquella que es pura". Acto seguido, di otro paso en pos de mi salud integral, el de perder peso. Un *bypass* me fue practicado en marzo de 2015 y gracias a él y, cabe decir, a mi disciplina, perdí 50 kg. No conforme con eso, me inscribí en un gimnasio para tonificar mi cuerpo y construir un nuevo yo. Por otra parte, mi inserción social era indetenible, participé en exposiciones de arte y otros eventos culturales de la ciudad. No se podía decir que estaba de brazos caídos, aunque el sistema no me favoreciera en nada.

Allí mismo en *Clamart*, gracias a la dueña del gimnasio donde nos entrenábamos, una colombiana, nos mudamos a un estudio donde viviríamos solos y cómodamente. ¿Ayudó esto a salvar la relación con Alejandro? No, a finales de 2018 decidí terminar con él, aunque nos quedó un año más de convivencia. Nos cambiamos a otro apartamento en París y, el anterior, lo conservamos para alquilarlo como alojamiento turístico. Junto con otros, esa sería mi fuente de ingreso. Alejandro continuó trabajando en la construcción, y en aquel nuevo apartamento, él ocupó una habitación y yo otra. Semanas después, él comenzó a salir con otros hombres y yo también; pero en mi corazón claramente estaba él. ¿Entonces por qué no regresar juntos si, al menos de mi parte, había mucho amor? Precisamente por eso, por amor. Él no estaba ni feliz, ni creciendo interiormente a mi lado; dejarle el camino para que abriera sus alas, aunque lo llevaran a otros brazos, fue mi prueba de amor. Por mi parte, yo también tenía que crecer y a su lado no podía responder a un llamado que venía sintiendo nuevamente, gritando dentro de mí, diciéndome que había un mundo que me reclamaba para explorarlo.

"¡Dios soy tu cosa, soy tu criatura, haz de mí lo que tú quieras!"

Empecé por levantar mi pesadez de espíritu del sofá y ahuyentar la depresión, repasando cada lugar visitado con Alejandro, aunque solo. Había llegado el momento en que debía recuperar el gusto a la vida de manera independiente, sin madre, hermanos, primos o pareja. Era yo conmigo, y nadie más. Hiperventilé y sufrí en mis primeros paseos, pero me rescaté, me acompañé y me di a mí mismo lo que nadie podría darme. Cuando su nueva relación se estableció, él se mudó y no pudiendo yo pagar el apartamento donde estábamos, regresé a aquel que me servía de *Clamart*. De esta manera, gran parte de mis ingresos los perdí y, aunque durante meses pude sustentar mi situación, con la llegada de la pandemia y el confinamiento, me quedé sin nada.

El hecho de no tener papeles ni posibilidad de reinventarme laboralmente me puso en una situación precaria, con riesgo a la exclusión social.

Para este entonces habían pasado diez largos años de lucha contra un sistema que NO QUISO darme la oportunidad de mostrarle todo lo que tenía para dar (ese año lancé otra tentativa infructuosa de regularización que, aún hoy, casi tres años después no me ha sido resuelta). No tenía cómo pagar el apartamento, ni los servicios; no tenía siquiera para comprar comida. Ante tal cuadro, me vi obligado a entregar las llaves de mi morada y a asumir mi nueva situación: en la calle para convertirme en un SDF (Sin Domicilio Fijo). Tomé un bolso, metí lo esencial, le até una tienda de campaña y algunos accesorios básicos para la vida en el bosque. La mochila llegó a pesar 17 kg, al ponérmela en la espalda recordé de inmediato el peso que llevaba de niño cuando iba a la escuela con todos los libros, ¿quién podía saber que eso me serviría de entrenamiento para eventos futuros? Ese día moría un hombre y nacía otro, el que te escribe ahora.

El 31 de agosto de 2020 me fui caminando desde *Rambouillet* hacia un destino desconocido. Me decía a mí mismo que si tenía que vivir en la calle por un tiempo indefinido, entonces debía escapar del invierno que se avecinaba. Pasar frío y pernoctar bajo la lluvia en una tienda de campaña que no resistiría mucho antes de inundarse, significaría mi destrucción y, pese a que ya en ese estado no me importaba, algo también en ese llamado me invitaba a vivir. Nuevamente, debo resumirme, declarando que, desde entonces, cada día caminé con el corazón palpitando en entrega total y clamando con los brazos abiertos: *"¡Dios soy tu cosa, soy tu criatura, haz de mí lo que tú quieras!"*. Esa ha sido y es todavía mi lucha, seguir avanzando en la vida pese a todo. Curiosamente me doy cuenta de que lo que he aprendido antes incluso mis miedos, me han servido en este nuevo peregrinaje.

La gran aventura, que aún hoy día estoy viviendo, lleva casi tres años. Mi camino como peregrino me ha dirigido hacia el sur, buscando sol y calor, viviendo en el bosque, en cementerios, en sitios abandonados, en *campings*; un tiempo en una granja ecológica y turística, otro, en casa de una amiga que se convirtió en mi madre adoptiva, luego en un castillo en donde restauré a la antigua orden de "Los Caballeros de Argy", y, finalmente, en Mokorreko, Navarra, España, en una original e incomparable casa rural ubicada en una montaña, vórtice interdimensional. Durante este tiempo, me he ganado la vida como limpiador de establos, cocinero, niñero, reparador de cuanta cosa me traían, camarero, recepcionista, creador de mosaicos, pintor de decoraciones interiores, servicio doméstico, Papa Noel, acompañante de un enfermo terminal y no para de desarrollarse mi lado multifacético. Seguí el camino de Compostela, porque supe que debía conocer gente en él, que mi crecimiento continuaba allí. Literalmente, el camino siguió recorriéndome aún en momentos de pausa invernal.

El 15 de agosto de 2022, arribé a la Ciudad de Santiago de Compostela y frente a su catedral me arrodillé, no para adorar al santo que supuestamente está enterrado allí, sino porque mi éxtasis me impidió mantenerme en pie. Luego regresé a Burgos, por donde ya había pasado y desde aquí te cuento mi historia.

Estoy buscando regularizarme mientras estudio y trabajo; pero sé que esto no es más que una etapa antes de continuar con mi misión de vida.

Todavía me queda mucho mundo por recorrer. Quien no me conozca podría creer que escogí vivir como un explorador, pero después de haberme leído, ¿pensarías tú lo mismo? Simplemente, la vida me ha dado estas circunstancias y yo decidí vivirlas como una aventura. *"Si he de morir en ellas, moriré viviendo"*.

Actualmente, tengo 42 años y la cabeza llena de canas, así como la memoria repleta de historias. Mis ojos brillan en la oscuridad vislumbrando eventos futuros que no comprendo, pero que no me producen ninguna incertidumbre porque saldré de ellos más fuerte. La vida me ha roto, acaso, ¿no se rompen los cascarones para dejar salir al polluelo que pronto volará, o la crisálida para que la mariposa despliegue sus alas? Todo ha sido para que emerja lo que realmente soy y ¿quién soy?: *"Soy nadie, soy nada, nada me pertenece, no pertenezco a nada, no sé nada de la vida, no soy necesario, estoy perdido, soy prohibido, soy mi propio hogar, soy un instante que va de paso hacia la eternidad, soy el Amor"*.

Capítulo 5

El espíritu aventurero que me salvó

" " Los inmigrantes son los nuevos héroes del siglo XXI"... Veo este titular en la prensa y es inevitable que no atrape mi atención, hay migraciones que por su complejidad son un verdadero acto de heroísmo. Al escucharlos no dejo de preguntarme: ¿qué, en su mundo interior, les sostiene en medio de sus odiseas? En algunas investigaciones se ha revelado que existe una correlación entre el tipo de personalidad y la tendencia a emigrar. Según Crawford, Bonvea y Frieze (2001), los migrantes logran una puntuación mayor en motivación de poder y búsqueda de objetivos; por lo general, son personas sanas, ambiciosas y muy optimistas. También son más sociables, activas, emotivas y están más abiertas a nuevas experiencias, declara la firma Jokela en Finlandia.

Por esto y más, para mí, un inmigrante en condiciones extremas no está muy alejado de los superhéroes que nos presentan los dibujos animados, puesto que estos muestran capacidades superiores a las observadas en los demás seres humanos en situaciones ordinarias, como una fuerza sobrehumana, resiliencia, resistencia, valentía, convicción y determinación. Sin embargo, como lo hemos observado en los mencionados ejemplos de cómics y caricaturas, nuestros expatriados tampoco son invulnerables y eso lo evidenciamos en todas las huellas que los desafíos atravesados les han dejado.

De hecho, el psiquiatra Joseba Achotegui postula y acuña un término que encuadra el trastorno psicológico que se produce como consecuencia del fenómeno migratorio y que se llama "Síndrome del inmigrante con estrés crónico y múltiple" o "Síndrome de Ulises", como es mejor conocido. Su autor dice que el cuadro observado en sus investigaciones obedece a escenarios considerados como "extremos", y se manifestaría como producto del estrés llevado al límite. El nombre dado a esta patología hace referencia al héroe de la mitología griega, quien vivió múltiples peligros e infortunios lejos de su tierra y de sus seres queridos.

"...y Ulises pasábase los días sentado en las rocas, a la orilla del mar, consumiéndose a fuerza de llanto, suspiros y penas, fijando sus ojos en el mar estéril, llorando incansablemente...", (Odisea, Canto V).

Al día de hoy, este personaje vive fuera de los relatos de otro tiempo y camina por nuestras calles, así como por sitios inhóspitos, encarnándose en más de cincuenta millones de migrantes, de los cuales, España, por ejemplo, cuenta más de ochocientos mil.

A parte de su obvia importancia, ¿porque te traigo esta información? Anteriormente hemos conversado sobre la necesidad de elaborar nuestros duelos para convertirlos en herramientas de avance en nuestra vida. Pero ¿es esto tan sencillo?, no siempre. La siguiente clasificación de duelo permite no solo observar los niveles de dificultad que se suceden, sino también ubicar a nuestro arquetipo "Ulises" en todo esto:

Simple: aquel que se da en buenas condiciones y que puede ser elaborado.

Complicado: cuando existen serias dificultades para elaborarlo.

Extremo: es tan problemático que no es elaborable, dado que supera las capacidades de adaptación del sujeto (sería el duelo propio del Síndrome de Ulises).

Para ilustrar este punto me gustaría proponerte un personaje ficticio, masculino. El duelo simple se daría en él si emigra en su juventud sin dejar atrás ni hijos pequeños, ni padres enfermos; además, este puede regresar de visita o bien traerlos a su nuevo hábitat en un momento determinado. ¿Pero si lo pusiéramos en otro contexto? La existencia de hijos pequeños, una posible compañera y de padres de avanzada edad enfermos, aumentaría el nivel de dificultad de su proceso y lo convertiría en un duelo complicado. Lo único que mitigaría su pena, es que pueda regresar a casa o, en su defecto, traer a sus queridos a donde él se encuentra viviendo.

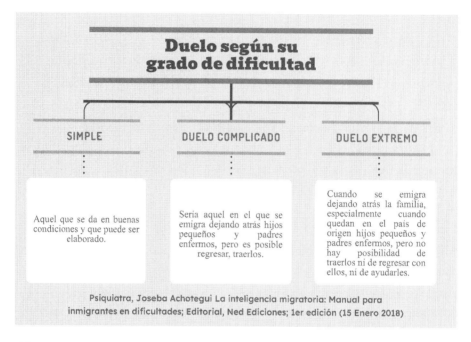

Duelo según su grado de dificultad

SIMPLE

Aquel que se da en buenas condiciones y que puede ser elaborado.

DUELO COMPLICADO

Sería aquel en el que se emigra dejando atrás hijos pequeños y padres enfermos, pero es posible regresar, traerlos.

DUELO EXTREMO

Cuando se emigra dejando atrás la familia, especialmente cuando quedan en el país de origen hijos pequeños y padres enfermos, pero no hay posibilidad de traerlos ni de regresar con ellos, ni de ayudarles.

Psiquiatra, Joseba Achotegui La inteligencia migratoria: Manual para inmigrantes en dificultades; Editorial, Ned Ediciones; 1er edición (15 Enero 2018)

Ahora, expongamos este cuadro: nuestro migrante no tiene ningún medio para reunirse con los suyos, ni mucho menos para ayudarles a vadear sus problemas; aquí hablaríamos de duelo extremo.

En el ejemplo imaginario no hemos incluido otros factores que harían extrema una migración, como el medio y el escenario en el que se produce el viaje. Te propongo hacerlo ahora pero con factores reales más crudos, como: el terror que se vive al trasladarnos clandestinamente en "pateras" o "yolas" en un canal marítimo donde la muerte acecha, el peligro de ir escondidos en las "tripas" de camiones para atravesar una frontera repleta de guardias dispuestos a dispararles, caer en las garras de las mafias que trafican personas para prostituirlas o para comerciar con sus órganos, la angustia constante y extendida de un episodio de secuestro, los estragos de la guerra, las inclemencias del clima, la hambruna mortal, entre otras.

Tengamos en cuenta, además, "un factor dentro de otro" que agrava el asunto en cuestión: las consecuencias físicas del miedo. Pareciera que no, pero el temor tiene unos efectos mucho más desestabilizadores que el de tipo psicológico, ya que en las situaciones de orden psíquico hay más posibilidades de respuesta que en las físicas.

A nivel biológico se ha comprobado que el miedo crónico e intenso fija las situaciones traumáticas a través de la amígdala y da lugar a una atrofia del hipocampo (en veteranos de la guerra de Vietnam o en personas que han sufrido en la infancia abusos sexuales se ha detectado hasta un 25 % de pérdida). También habría pérdidas neuronales en la corteza frontal. Los expertos muestran que a través de un circuito están interconectadas la amígdala, los núcleos noradrenérgicos y la corteza prefrontal, áreas muy importantes en la vivencia de las situaciones de terror (Sendi, 2001). Además, se sabe que el estrés crónico da lugar a una potenciación del condicionamiento del miedo, tanto sensorial como contextual, respondiéndose con miedo ante las situaciones de estrés futuras. Este dato es importante en los pacientes con Síndrome de Ulises ya que se hallan sometidos a múltiples estresores que les reactivan las situaciones de terror que han sufrido anteriormente (extraído del diálogo sobre el Síndrome de Ulises del Congreso "Movimientos humanos y migración", del Foro Mundial de las Culturas. Barcelona 2-5, septiembre de 2004).

En una ocasión, cuando estuve de vacaciones en mi país, República Dominicana, le comenté a un amigo, sobre mis planes de escribir un libro, y él, con las atenciones que caracterizan nuestra relación, me dijo: *"Amiga, tengo un contacto para tu proyecto"*. De esta manera llegó hasta mí la historia de Marino Jiménez Mercedes, "El Maro", y hoy por alguna razón llega a tus manos. El día que le entrevisté por teléfono, yo estaba en la casa de una de mis hermanas, en la habitación de mi sobrina Larimar. Su manera llana y a la vez profunda de contar sus vivencias me hicieron sentir sus desilusiones, decepciones, miedos y esperanzas. Su relato me hizo vivir escenas que solo había visto en películas de Hollywood y que nunca había sido capaz de imaginar como reales. Atesoré valiosas enseñanzas de su relato y me permitió encontrar ejemplos reales del "Síndrome del inmigrante con estrés crónico y múltiple" o "Síndrome de Ulises".

El recuerdo de esta conversación con Marino también me llevó al pasado, a hace algunos años atrás cuando estaba en la tormenta de mi proceso migratorio. Transcurría mi segundo año en Francia y me sentía realmente sola, no conocía a nadie por el barrio. A veces cuando venía de las clases de francés, pensaba: "si sólo pudiera ir a visitar a alguien". Mi único amigo hasta entonces era Diego, un costarricense que había conocido en la escuela de francés, pero él vivía muy distante de mí. En ese tiempo, tomé la decisión de inscribirme en un gimnasio. Allí conocí a la propietaria, una mujer colombiana encantadora y, ¡oh sorpresa!, un día, al abrir la puerta del gimnasio, vi justo frente a mí, a un caballero que parecía latino. Su lenguaje corporal me decía que era alguien de principios y muy disciplinado. No sé por qué lo imaginé como un religioso y padre de, al menos, tres niños. Nos saludamos, se presentó como Parengana e invitó a alguien que estaba a su lado, Alejandro, otro latino que por sus rasgos caucásicos y por su dominio del idioma francés, parecía más un galo, a unirse a la naciente tertulia. Luego me percaté que ellos eran pareja.

En "Paren" encontré un verdadero amigo, un hombre sobre el cual recostar mi cabeza cuando el proceso migratorio era invivible. Compartimos la misma pasión por el estudio de la conducta humana, con él podía tratar absolutamente cualquier tema, ambos somos un libro abierto el uno para con el otro. Por supuesto, que también hemos tenido desacuerdos, hemos dejado de buscarnos al menos por una semana, él ha hecho cosas que para mí eran demasiado ilógicas pero que terminaron siendo grandes lecciones. Sus aportes en mi vida han sido enormes y su existencia es una completa bendición para mí. Su historia es realmente impactante y tengo la certeza de que algún día llegará a Netflix.

Bien, ¿y ahora qué?

Espero que hayas disfrutado leyendo cada una de estas vivencias, así como yo me he maravillado al conocer a sus valientes protagonistas. Además —y esto es lo más importante para mí—, confío en que utilizarás estos testimonios para mejorar extraordinariamente tu vida, con la convicción de que, al final del proceso, construirás algo hermoso con la tuya.

Siento un profundo respeto por cada una de estas historias, y por cada uno de estos seres valiosos que nos han dejado entrar en sus vidas y nos han compartido sus momentos más tristes y desafiantes, así como los más luminosos. Los abrazos y los honro por su gran gallardía. Sus situaciones nos han mostrado cuán duro puede ser el proceso migratorio, pero también cuán bello y transformador es. A partir de allí me he empeñado en ofrecerte herramientas para una más eficaz prosecución de tus metas.

En la primera parte del libro, te he hablado del duelo migratorio, de sus fases y del vaivén de emociones al que, como inmigrante, tendrás que enfrentarte. Allí identificaste en qué fase del proceso estás y lo qué continúa. ¡Ya estás prevenido! Tu sistema de creencias será confrontado, tus estados anímicos se debatirán cada día entre darse por vencidos o luchar. Muchas veces sentirás que no hay posibilidades, que no hay salida; sin embargo, tu fuerza de voluntad será capaz de elevarte como el ave fénix por encima de los obstáculos, por lo que descubrirás tus fortalezas aún desconocidas.

En la segunda parte, hemos hablado de las razones que impulsan al ser humano en su búsqueda, y de cómo, el acto de emigrar, aparte de ser una de las maneras más recurridas para satisfacerla, es considerada como una de las experiencias más transformadores por las múltiples perdidas que comporta.

Conscientemente, he llegado al punto en el que podemos decir que la elección de emigrar es una decisión en la que se busca cambiar el contexto existencial. Por ende, si somos ontológicamente vulnerables, al someternos a múltiples estresores por largos periodos de tiempo, como consecuencia de una migración en condiciones extremas, en la que ni siquiera tenemos cubiertas las necesidades básicas, esto originará en nosotros un declive o empeoramiento de nuestra salud emocional y física, razón por la cual nos resultará casi imposible elaborar el duelo y conseguir aquello que salimos a buscar.

Como bien ha afirmado varias veces el psiquiatra Joseba Achotegui:

"Emigrar se está convirtiendo hoy para millones de personas en un proceso que posee unos niveles de estrés tan intensos que llegan a superar la capacidad de adaptación de los seres humanos".

¿Esta afirmación nos hace reflexionar muy seriamente? Espero que sí, pues gracias a todos estos análisis hemos logrado conocer al Síndrome del Inmigrante con Estrés Crónico y Múltiple, y a caracterizarlo por la presencia de determinados estresores o duelos que forman parte de su amplio conjunto de síntomas psíquicos y somáticos. Hemos conjuntamente, asumido como definiciones de estrés al *"estado de cansancio mental provocado por la exigencia de un rendimiento muy superior al normal que suele provocar diversos trastornos físicos y mentales"*; y por duelo al *"proceso de reordenamiento de la personalidad que se produce cuando se pierde algo significativo para la persona"*.

Entonces, al plantearnos una vinculación entre estos dos conceptos, podemos ver al duelo como *"un estrés prolongado e intenso"*. Espero que la consideración de esto último haya dejado claro que uno de los fundamentos para escribir esta obra, ha sido el de crear consciencia en el tema para prevenirte sobre los posibles problemas psicológicos a los que te arriesgas si no gestionas funcionalmente todos los factores de este proceso.

En esta conversación escrita que hemos tenido, he puesto en alto la valentía que necesitamos para llegar a un mundo poblado de acontecimientos extraños, y seguir o apenas empezar, a creer en nosotros mismos contando solo con las "palmaditas" en la espalda que podamos darnos. Creo que a veces no entendemos que el brazo no nos ha alcanzado y ha sido Dios el que nos ha dado el espaldarazo; tener la humildad de reconocer esto y considerar su imprescindible importancia, es otra de las invitaciones que he querido hacerte. Ahora, puede que no creas en Él, de igual forma la humildad, la verdadera, siempre será algo que estará a tu favor y te ayudará a descubrir fuentes inagotables de fuerza de las que podrás saciarte constantemente.

"Mi nombre es nadie y nadie me llaman todos", ha sido una frase inspiradora en este trabajo, a través de la cual hemos conocido a Ulises, el héroe de la Antigua Grecia, que en estos tiempos modernos y en tierras nuevas, somos todos. Con este arquetipo he pretendido decirte que si te sientes perdido, tienes frente a ti la maravillosa oportunidad de reconstruir tu identidad, abrirte a los cambios y aceptar la llamada a la aventura con el carácter y entereza que puedes desarrollar.

Con el mismo ejemplo, he deseado poner luz sobre lo que puede ocurrir si huyes del llamado: simplemente crear y aumentar dificultades que… ¿son necesarias y/o deseadas? Finalmente, tuya es la opción de hacer tu proceso migratorio una serie de eventos desafortunados o, una serie de experiencias que sacarán lo mejor de ti. En lo personal, emigrar me dio forma, me forjó una personalidad férrea y perseverante. Ante las dificultades, *"si puedo generarme felicidad y éxito profesional sin importar en qué lugar del planeta esté"*, es mi filosofía.

En conclusión, *"Yo decidí emigrar"* es un homenaje a aquellos que han recibido el llamado para salir de su mundo ordinario, cotidiano y normal, para lanzarse a lo desconocido. Algunos salieron a buscar una mejor calidad de vida, otros lo hicieron huyendo del rechazo y la discriminación; otros más decidieron perderse a sí mismos en lugares donde nadie los conociera con la esperanza de encontrarse y reinventarse desde lo más puro. Aunque en esta primera entrega no haya escrito sobre ellos, mi corazón está también con aquellos que han tenido que quemar sus naves sin tener la intención de hacerlo, solo porque hay guerras o dictaduras en la tierra que les vio nacer.

El camino del inmigrante es un viaje interior, hacia el autoconocimiento y la transformación, en el cual te das cuenta de que el país al que debes llegar es a tu propio ser.

Bibliografía

Achotegui, J. (2018). *La inteligencia migratoria. Manual para inmigrantes en dificultades*, Barcelona, España: Ned Ediciones.

Arroyo, C. (28 de marzo 2019). *Duelo migratorio y choque cultural inverso.* Recuperado de https://www.youtube.com/ watch?v=h56GRMH5tf0

Bucay, J. (24 sept. 2018). *La capacidad de adaptación al cambio.* Recuperado de https://www.youtube.com/watch?v=oTJ1jePXN5E

Cuesta, F. (2013). *Mi nombre es nadie y nadie me llaman todos...Sobre la idéntidad del inmigrante.* Recuperado de https://www.scielo.br/j/remhu/a/vY3HQ6kmCmfBTc6y7NMGXvv/?lang=es&format=pdf Darwin, C. (1859). *El origen de las especies: UNESCO.*

De la Vega, E. (20 may 2021). *En defensa Propia.* Recuperado de https://www.youtube.com/watch?v=ZI6t7dMLW54

Fonnegra, I. (07 feb. 2013). *La experiencia humana de morir.* Recuperado de https://www.youtube.com/watch?v=v2gnjet6a4Q Goleman, D.

(2007). *La Inteligencia Emocional*: Editorial Kairos.

Kiyosaki, R. (2011). *La carrera de las ratas*: ALTEA.

Maslow, A. (1943). *Jerarquía de las necesidades humanas.*

Pérez, J. (12 abril 2018). *Duelo Migratorio: Haciendo más liviano tu equipaje emocional.* Recuperado de https://www.facebook.com/photo/?fbid=950742421757908&set=a.903437209821763 Sordo, P. (2010). *Un segundo de coraje*: Editora Planeta.

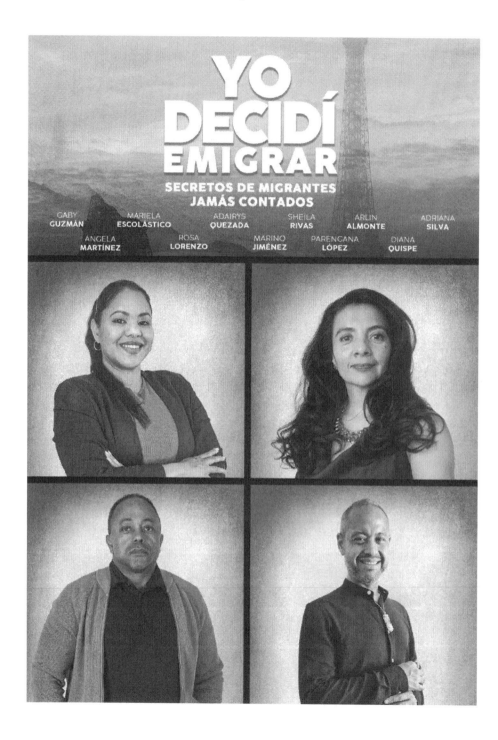

Printed in Great Britain
by Amazon

33322351R00128